貨幣量の考察

林 昭男 著

時潮社

まえがき

　物価や経済活動との関連において貨幣量が考察の対象となるときに、貨幣量を流通量としてとらえる立場と保有量としてとらえる立場がある。この二つの立場に基づいて把握された貨幣流通量と貨幣保有量とは量的および質的にどのような違いがあるのだろうか。この問題を自分なりに考えて理解しようとしたのが出発点となり、自分に課したこの問題の考察を進めていくうちに、解決しなければならないいろいろな問題が現れてきた。難しい問題もあり、研究を中断する時期もあったが、思い直しながら考察を進めているうちに、曲がりなりにも一応の結果を出すことができた。したがって、本来、自分の理解を深めるためであり、発表すべきかどうかと考えたが、これまで研究を続けてきた証として著作にすることにしたのが本書である。

　第1章は考察の出発点となった問題が取り上げられている。マルクスは流通界において現実に流通する貨幣量を流通貨幣量としてとらえ、それに対して、ケインズおよびフリードマンは貨幣が流通に入る前の段階で貨幣量を保有貨幣量、ないし貨幣ストックとしてとらえている。貨幣量を流通貨幣量として、また保有貨幣量としてとらえることによって、具体的にどんな違いが生ずるのであろうか。また、同じ保有貨幣量としてとらえているケインズとフリードマンとにどんな相違があるのだろうか。この疑問が考察の対象になっている。

　第2章においては、マルクスの流通必要貨幣量を前提とし、鋳貨、補助鋳貨、銀行券、不換銀行券および預金貨幣に関して、それぞれの貨幣はこの流通必要貨幣量をちょうど満たすだけの数量が流通するのか、あるいはこの流通必要貨幣量を越えて流通することが可能なのかを検討した。これら貨幣のなかで不換銀行券については、信用貨幣か、国家紙幣かを巡って

多くの研究者の参加した論争があり、それゆえに判断に苦しんだが、私なりの考えを述べておいた。

第3章で取り上げたのはマルクスの退蔵貨幣量とフリードマンの貨幣ストックとの比較対照である。ここではとくに、退蔵貨幣と流通貨幣、ならびに貨幣ストックと流通貨幣の相互関係を考えた場合に、その役割分担がマルクスとフリードマンとでは逆になっているように思われる。すなわち、マルクスにおいてはまず流通貨幣量が決まり、それに対応して退蔵貨幣量が決まってくることになるが、フリードマンにおいては貨幣ストックが決まり、流通貨幣量はそれに対応して決まってくるようにみえる。

第4章と第5章ではインフレーションとデフレーションに関する考察である。インフレーションは流通必要貨幣量を越えて貨幣が流通界に投入された場合にのみ起こりうるのであれば、その貨幣量はどんな状況のもとで投入されるのか、また、その貨幣量が持っている需要はどんな性質の需要であるのかを確かめようとした。そしてさらに、インフレ・デフレの非対称性について再びケインズ説と岡橋説を取り上げて比較し、岡橋説に基づいて非対称性の起こりうる根拠を確認しようと試みた。

第6章ではフリードマンとシュワルツの著作『合衆国貨幣史 1867-1960』における貨幣の歴史的研究から導き出された四つの帰結のうち三つについて取り上げ、その帰結の根拠となった事例を著作の叙述の中から取り出して説明し、それらの帰結について若干の論評を加えておいた。そして第7章では、フランスのマルクの著作『フランスの貨幣史』のなかにおいて、かれはフリードマンの主張が当てはまらない時期としてフランスにおける二つの期間を上げている。その一つの期間にあたる1926－1931年についてその時期の貨幣量の推移、物価の動向および経済活動の変動の対応関係を調べたものである。

第8章においては、マルクスの『資本論』における理論および叙述を前提として考えるならば、景気変動が資本主義経済に内在する必然的運動であるとしても、金融政策の実施によって景気変動の影響を緩和することが

まえがき

可能になるのか、また、可能であるとすれば、どの局面においてであるのかを捜し求めてみた。

　第9章で取り上げたのは、いわゆる管理通貨制のもとでの通貨管理の問題である。管理通貨制はケインズの主唱した通貨制度であるが、彼の主張したように、この貨幣制度は物価の安定を目標にして信用政策によって通貨量をコントロールすることができるのであろうか。信用政策によって管理できるのは、信用量なのか、保有通貨量なのか、流通通貨量なのか。この問題が考察されるであろう。

　最後になったが、故渡邊侃先生に感謝の念を捧げたい。先生には私が身の振り方に困っていたときに、大学への就職を斡旋していただき、研究生活を続けることができるようになった。先生が喜ばれるような論文を書けなかったことは甚だ残念ではあったが、この年になるまで研究を続けることができたことを天国におられる先生にお伝えして筆をおくことにしよう。

2013年4月

著　者

目　次

まえがき ……………………………………………………………… 3

第1章　貨幣の流通量と保有量 …………………………………… 11
はじめに　11
1．K.マルクス　12
2．J.M.ケインズ　19
3．M.フリードマン　26
おわりに　32

第2章　貨幣とその流通量 ………………………………………… 37
はじめに　37
1．鋳　貨　38
2．補助鋳貨　40
3．国家紙幣　42
4．銀行券　44
5．不換銀行券　50
6．預金貨幣　55
おわりに　58

第3章　退蔵貨幣と貨幣ストック ………………………………… 63
はじめに　63
1．単純な商品流通と退蔵貨幣　64
2．資本の流通と退蔵貨幣　66
3．フリードマンの貨幣ストック　69
4．退蔵貨幣と貨幣ストック　72
おわりに　76

第4章 インフレーションと貨幣供給 ……………………… 79

はじめに 79
1. 価格の決定要因 81
2. 需要供給と価格の変動 85
3. 貨幣供給とインフレーション 91
4. 中央銀行の国債引受発行と売りオペレーション 94
5. 国債の市中消化と中央銀行の割引ないし買いオペレーション 98
おわりに 100

第5章 通貨量の増減とインフレ・デフレ ……………………… 103
　　　　―ケインズ説と岡橋説―

はじめに 103
1. ケインズ説 104
2. 岡橋説 107
3. 両説の比較検討 109
おわりに 112

第6章 M.フリードマン、A.J.シュワルツ『合衆国貨幣史 1867-1960』における帰結について ……………………… 115

はじめに 115
1. 貨幣ストックと他の経済変数との密接な関係 116
2. 貨幣的変動と経済的変動の関係における安定性 120
3. 貨幣的変動の独立性 126
4. 帰結の論拠 138
おわりに 146

第7章 貨幣数量、物価および経済活動 ……………………… 151
　　　　―1926～31年のフランス経済―

はじめに 151
1. 政治・経済状況の変移 152
2. 貨幣量の推移 158

3．物価の動向　165
　　4．経済活動の状況　171
　　おわりに　176

第8章　『資本論』と金融政策 …………………………………181
　　はじめに　181
　　1．貨幣の流通量　182
　　2．貸付資本とその数量　187
　　3．利潤と利子　194
　　4．金融政策の限界　198
　　おわりに　204

第9章　管理通貨制と通貨の管理 …………………………………209
　　はじめに　209
　　1．金本位制と管理通貨制　210
　　2．通貨の供給と貸付資本の需給　215
　　3．信用政策と通貨の管理　219
　　おわりに　224

第1章　貨幣の流通量と保有量

はじめに

　商品の売買や債務の支払のために手渡されて流通する貨幣として把握された貨幣量と経済主体によって保有される貨幣として把握される貨幣量とは、量的に等しいのであろうか、それとも等しくないのであろうか。貨幣量を保有量としてとらえ、貨幣保有量と所得との比率を貨幣の流通速度とする理論的な流れが定着している現状のなかでは、このような問題意識をもつこと自体理解されないかもしれないし、また、このような問題設定は意味がないと断定されるかもしれない。しかし、経済の活動状況のなかでは、保有貨幣量のなかには流通に入らない貨幣があるように思われる。もしあるとすれば、それらの貨幣は商品・サービスの流通や債務の決済に使用されないのであるから、当面の経済活動とは無関係であり、保蔵状態にあるといわなければならない。

　さて、貨幣が流通するためには、それを流通させる経済主体が貨幣を保有していなければならないことは当然である。いまかりに、流通手段として、あるいは支払手段としての機能を果たす貨幣のみを考えることにしよう。貨幣の流通が瞬時に行なわれてその持ち手を換えるとすれば、貨幣の流通と貨幣の保有とはほぼ同時に行なわれ、転換されることになるから、貨幣の流通と保有とはメダルの表と裏のような関係になり、その流通量と保有量とは一致するはずである。また、一日という期間を設定して考えると、一日の取引開始がされる以前にそれぞれの経済主体によって保有されている貨幣は、商品・サービスの売買を通じて、あるいは債務の支払を通じて手放され、その持ち手を換えて転々流通し、一日の取引が終了した時

点では、流通した貨幣は、その持ち手が変わっているとしても、いずれかの経済主体によって保有されることになる。かくて、取引の開始前に保有された貨幣量と取引終了後に保有される貨幣量とは等しく、この保有量と流通量とはまた当然に等しくなるであろう。

貨幣の流通量は貨幣をフローでとらえた数量であり、貨幣の保有量は貨幣をストックでとらえた数量である。もし、この両者のあいだに数量的に相違があるとすれば、保有されている貨幣のなかには流通手段および支払手段として機能する貨幣以外の貨幣が含まれていることになる。それは一体どんな機能を果たす貨幣なのであろうか。

貨幣数量を流通量として把握している経済学者のなかからK.マルクスを取り上げ、貨幣数量を保有量として把握している経済学者のなかからJ.M.ケインズおよびM.フリードマンを取り上げ、かれらの貨幣や貨幣量に関する考え方を説明し、それらの相違を指摘することによって、貨幣を流通量と保有量でとらえる場合にどんな違いが出てくるのであろうか、その相異を明らかにするために考察を進めていこう。

1. K.マルクス

マルクスは『資本論』第一巻「資本の生産過程」においてまず商品と貨幣についての考察を行なっている。そのなかで、生産物の偶然的な交換から始まり、交換を前提した生産物、すなわち商品の交換へ、さらに交換される商品の種類と数量の拡大へと進展していく過程における価値表現の形態を展開していくなかから、ある一つの商品が商品界から排除されて他のすべての商品に対して価値を表現する立場、つまり等価形態に置かれるようになり、一般的等価物として貨幣の役割を担うようになる経緯を明らかにしている。(1)かくて、貨幣はまず商品の価値を測定する尺度、価値尺度として機能し、そして、商品の交換過程においては、貨幣は商品の流通を媒介し、流通手段として機能することになる。したがって、貨幣はまず価値

尺度と流通手段の機能を果たすものであり、それは商品に相対する立場にたち、商品とは異なった働きをし、その特殊な社会的機能のゆえに、商品とは異なった形式的な使用価値をもつようになったものとして把握されている。

　商品生産者は生産した商品を流通に出して販売し、それを貨幣に換え、その貨幣をもって自分にとって必要な商品を購入する。したがって、商品の流通は商品（W）―貨幣（G）―商品（W）という形態をとり、この過程における貨幣の機能が流通手段である。商品の流通があって、それに伴って貨幣の流通が生ずるのであり、貨幣の流通が商品を流通させるわけではない。また、商品は価格を付けられて流通に出され、その価格に等しい貨幣と交換されるのであり、価格の付けられない商品が流通に出され、その需要と供給との関係によって商品価格が決定されるわけではない。商品の需要と供給との関係はあくまでも流通過程における価格の変動を説明する要因にすぎないのである。

　価値尺度および流通手段として機能する貨幣は、さらに商品の信用取引が行なわれるようになると、支払手段として機能するようにもなる。商品の売買は貨幣との交換によってではなく、将来の支払約束に基づいて行なわれる。すなわち、商品は売り手から買い手に売渡されるが、その時点では貨幣は買い手から売り手には手渡されず、信用取引、掛売り掛買いによって両者のあいだに債権債務関係が形成され、その債権債務に基づいて一定の期間後に債務の支払のために商品の買い手から売り手に貨幣が手渡される。したがって、商品の流通W→と貨幣の流通←Gとが時間的に分離するのであるが、この場合においても、商品の信用取引に基づく商品の流通があって、その後に貨幣の流通が生ずるのである。商品の流通があってそれに基づいて貨幣の流通が生ずることでは流通手段機能を果たす貨幣と同様である。

　さて、貨幣は流通手段としてか、あるいは支払手段としてか、いずれかで流通するのであるから、商品の流通に必要な貨幣量は流通手段および支払

手段として機能する貨幣を考えればよいことになる。まず、流通手段として必要な貨幣量から述べよう。商品はその価格に等しい貨幣と交換されて流通するのであるから、それぞれの商品が別々の貨幣と交換されるとすれば、すなわち貨幣が一回かぎりしか流通しないとすれば、一定期間において流通に必要な貨幣量は流通する諸商品の価格総額に等しいことになる。いま、流通する商品についてそれぞれの数量をW_1、W_2、W_3…とし、それぞれの価格をP_1、P_2、P_3…とすれば、商品の価格総額は$W_1P_1+W_2P_2+W_3P_3$…になる。商品は流通に入って貨幣と交換されると、流通を去って消費されるのであるが、貨幣はたえず流通界に留まって転々流通し、次々に商品の流通を媒介していくので、流通に必要な貨幣の流通量を考える場合には、一定期間において貨幣が平均して何回流通するのかを、すなわち貨幣の流通速度を考慮に入れなければならない。かくて、流通手段として必要な貨幣量は、（商品の価格総額）÷（流通手段としての貨幣の流通速度）となる[6]。

　また、支払手段として必要な貨幣数量についていえば、掛売り・掛買いによって形成された債務について、一定期間において支払期限に達した債務総額がまず考慮の対象になる。しかし、債権債務は相互に相殺可能であり、債権債務が相殺される場合には、貨幣の流通することなく債務の決済が行なわれるので、相互に相殺される債務額は債務総額から差し引かれなければならない。つぎに、支払手段としての貨幣についても、流通手段の場合と同様に、同一の貨幣が一回限りでなく何回も債務の支払のために使用されるので、この貨幣の平均流通回数、すなわち流通速度も考慮に入れなければならない。かくて、支払手段として流通に必要な貨幣量は、（支払期限に達した債務総額－相互に相殺された債務額）÷（支払手段としての貨幣の流通速度）となる[7]。

　貨幣は流通手段としてか、あるいは支払手段としてかしか流通しないのであるから、流通に必要な貨幣量は流通手段として必要な貨幣量と支払手段として必要な貨幣量とを加えた額になるが、しかし、貨幣はいずれの機能も果たすので、同一の貨幣がある時には流通手段として流通し、他の時

には支払手段として流通することになる。したがって、上述のように流通手段として必要な貨幣量と支払手段として必要な貨幣量を加えることは二重計算になる。そこで、二重計算になる額、すなわち流通手段として、あるいは支払手段として流通する貨幣量を差し引かなければならない。かくて、一定期間において流通に必要な貨幣量は、{(流通する商品の価格総額)÷(流通手段としての貨幣の流通速度)}＋{(支払期限に達した債務総額－相互に相殺された債務額)÷(支払手段としての貨幣の流通速度)}－(流通手段として、あるいは支払手段として流通する貨幣量)になる。[8]

かくして、一定期間における流通貨幣量は、流通する商品の価格と数量、流通手段および支払手段の流通速度、支払期限のきた債務額、相互に相殺される債務額および流通手段として、あるいは支払手段として流通する貨幣量という要因によって決まってくることになる。これら諸要因はすべて経済内の変数であるので、流通の姿でとらえられた貨幣量は内生的に決定されてくる。したがって、異常な事態を除き、通常の場合を想定するならば、流通貨幣量は実体経済の変動によって変化するものであり、その変化に即応して増減することになる。流通においてより多くの貨幣量が必要になれば、必要な貨幣量は流通に入ってくるし、流通においてより少ない貨幣量で足りるようになれば、不必要になった貨幣量は流通から出て行って調整されることになる。[9]かくて、流通貨幣量は貨幣当局によって決められてくるわけではない。

以上、『資本論』第一巻の叙述に基づいて単純な商品流通における貨幣の流通量に関する法則を述べてきたが、つぎに、第二巻「資本の流通過程」においてこの法則と関連すると思われる叙述を取り上げ、資本の循環過程のなかで貨幣の流通と資本の流通との関わり合いを述べている箇所を指摘しておくことにしよう。

資本の循環過程は三つの段階を通過する。第一段階においてはある貨幣額で生産手段と労働力が購入され、その両者を結合して商品の生産が行なわれるのが第二段階であり、そして第三段階においては生産された商品が

販売される。資本の循環過程を記号であらわすと、G—W…P…W'—G'となる。そのなかで第二段階W…P…W'が生産過程であり、第一段階G—Wと第三段階W'—G'が流通過程である。資本の循環の観点から見れば、第一段階のG—Wは貨幣資本の商品資本への転換にあたり、また第三段階のW'—G'は商品資本の貨幣資本と剰余価値への転換にあたる。しかし、一般的商品流通の観点から見れば、資本の流通過程G—WおよびW'—G'は貨幣の商品(生産手段と労働力)への転換であり、また剰余価値を含んでいるとはいえ、商品の貨幣への転換である。したがって、資本は貨幣形態にあっては貨幣の機能を果たし、商品形態にあっては商品の機能を果たしているのである。貨幣資本が一般的購買手段および一般的支払手段として機能するのは、その資本としての機能からではなく、貨幣としての機能からである。これらの貨幣機能を資本機能にするのは、資本の循環運動のなかで果たすその特定の役割であり、貨幣機能を果たす段階と他の諸段階との内的関連にあるのである。

　資本の循環における部分を構成するその流通過程も、一般的商品流通のなかにおける一連の行程としてとらえるならば、すなわち、資本家が商品の売り手、あるいは買い手としてのみ機能するならば、かれの資本が他人の商品には貨幣として、また他人の貨幣には商品として相対して機能するならば、商品の売り手にとってのW—G販売は買い手にとってのG—W購買であり、また買い手にとってのG—W購買は売り手にとってのW—G販売であるということになる。したがって、一系列のW—G—WにおけるW—Gは他の系列W—G—WにおけるG—Wにあたり、また一系列のG—Wは別の系列におけるW—Gである。このように商品流通の系列は相互に絡み合っているのである。そこで、貨幣の流通速度がより速いほど、たとえば、各資本の流通過程における商品の変態、あるいは貨幣の変態の系列を通過する資本の速度が速ければ速いほど、同じ貨幣量をもってより多くの産業資本を流通させることができる。さらに、貨幣が支払手段の機能を果たすことが多いほど、たとえば、商品資本を生産手段に転化する場合に、

取引の差額だけが決済されることが多いほど、また、賃金の支払期間がより短かいほど、同一価値額の資本を流通させるために必要な貨幣はより少なくてすむことになる。他方、貨幣の流通速度およびその他の事情がすべて不変であるとするならば、貨幣資本の流通に必要な貨幣量は、諸商品の価格総額によって決まってくるし、諸商品の価値および量を所与とするならば、貨幣自体の価値によって規定されてくることになる。かくて、資本の流通にも一般的商品流通における貨幣流通が対応すると考えられるので、第一巻第一篇第一章で述べられている貨幣流通の諸法則が妥当するのである。[12]

けれども、資本の流通過程を個別産業資本の循環における機能的に規定された諸段階としてみるならば、生産資本および商品資本の循環における流通過程W—G—Wはすべてが貨幣資本の商品資本への転化、商品資本の貨幣資本への転化ではないし、また、ある資本循環の流通過程における貨幣資本の商品資本への転化および商品資本の貨幣資本への転化が他の資本循環の流通過程における商品資本の貨幣資本への転化および貨幣資本の商品資本への転化に対応し、相互に絡み合っているわけではない。資本の循環におけるG—Pm（生産手段）についてみるならば、これが資本家相互の間で行なわれる場合には、一方における貨幣形態にある資本の商品形態にある資本への転化であり、それは同時に、他方における商品形態にある資本の貨幣形態にある資本への転化である。しかし、貨幣形態にある資本が転化される商品について言えば、それは必ずしも資本家によって生産されたものではなく、商品資本、すなわち産業資本の機能形態でなければならないことはない。また、G—A（労働力）については、労働力は商品ではあるが、資本ではなく、それが資本家の手に渡ってはじめて資本として機能するのである。かくて、これらの場合には、貨幣資本の商品資本への転化にはならない。つぎに、W'—G'の過程におけるG'についていえば、それは必ずしも商品資本の転化されたものではない。それは労働力商品の貨幣化であったかもしれないし、資本家以外の生産者による生産物の貨幣化

であったかもしれない。さらに、すべての生産物が資本主義的経営によって生産されたとしても、W'が貨幣化されるG'は、買い手の資本家にとって剰余価値の貨幣化にすぎないかもしれない。また、資本の蓄積がなされる場合では、G'―W'（生産手段および労働力）に関していえば、生産手段の売り手にとってG'は前貸資本の補塡に充当されるか、あるいは収入の支出となって資本流通から離脱するかもしれない。したがって、資本の流通には入らないことも起こりうるのである[13]。

かくて、一般的商品流通の法則に関していえば、それは、資本の循環における流通過程が単純な商品流通の経過行程の一系列を形成するととらえるかぎりにおいては妥当するけれども、この単純な商品流通の経過行程が個別的産業資本の循環において機能する諸段階を形成するととらえる場合には妥当しないことになる[14]。

さらに、『資本論』の第3巻「資本主義的生産の総過程」においては、第28章に次のような要旨が述べられている。貨幣の流通が商業者間であっても、商業者と消費者との間であっても、また、その機能が所得の実現であろうが、資本の実現であろうが、ともかく、購買手段、あるいは支払手段として貨幣が流通するかぎりにおいては、単純商品流通に関して第1巻第3章第3節で述べた諸法則が妥当することになる。すなわち、流通する貨幣量は、一定の期間に同一の貨幣が購買手段として、また支払手段としてそれぞれに機能する回数、売買および支払が同時に行なわれる数量、流通する商品の価格総額、ならびに決済の同時に行なわれるべき支払差額によって規定されてくる。かくて、貨幣の支払者および受領者にとってそれが資本であるか、あるいは所得であるかはどうでもいいのであり、そのことによって事柄の内容が変わるわけではなく、流通する貨幣量は購買手段と支払手段として機能する貨幣から規定されてくるのである[15]。

それに加えて、第33章においては、貨幣の流通速度と諸支払の節約とが与えられたものとすれば、現実の流通貨幣数量が諸商品の価格と取引量とによって規定されることは、すでに単純な貨幣流通の考察（第1巻第3章

第2節)において述べられているが、この同じ法則が銀行券の流通に関しても妥当することを指摘している。すなわち、ここでは、鋳貨だけでなく、銀行券のような信用貨幣についても貨幣流通の法則が妥当することが言及されている。[16]

要するに、『資本論』においては、貨幣数量の把握に関していえば、それは貨幣本来の機能、つまり流通手段および支払手段として機能する貨幣形態が問題であり、しかも貨幣が現実に機能する場面、すなわち流通界において流通する貨幣がとらえられているのであるから、その貨幣量は事後的な把握方法に基づいているといえよう。したがって、貨幣が資本の運動のなかにあっても、資本としての機能を果たす貨幣形態はこの貨幣量には入ってこないことになる。換言すれば、同じ貨幣形態をとっていても、流通手段および支払手段の機能を果たす貨幣が対象であり、資本としての機能を果たす貨幣は貨幣量把握の対象外におかれているといっていいであろう。

2．J.M.ケインズ

『貨幣論』においては、ケインズはまず、貨幣理論の根源的概念として計算貨幣を取り上げ、その説明から始めている。計算貨幣は、債務、価格および一般的購買力を表示する機能を果たすものであり、債務の契約や売買契約の付け値である価格表は、それが口頭であろうが、書類への記入であろうが、計算貨幣によって表示される。そして、この債務の履行や商品の売買は貨幣の引渡しによって行なわれるし、一般的購買力の保持は貨幣によって行なわれる。したがって、貨幣の特質は計算貨幣との関連に由来するのであり、債務や価格がまず計算貨幣によって表示されねばならないことから生ずるのである。計算貨幣と貨幣との区別は、前者が記述あるいは称号であるのに対して、後者がその記述あるいは称号に照応する物であるといえる。記述あるいは称号に照応する物がいつも同一の物であれば、問題は起きないであろうが、しかし、記述あるいは称号に照応する物が時

間の経過のなかで違ってきた場合には、問題が生じうるのであり、両者の区別はきわめて重要になってくる。[17]

　契約とか、価格とかに言及されていることは、契約の履行および売買行為を正当化させることのできる法律、ないし慣習ができあがっていることを意味しているのであり、その意味では、国家、あるいは社会が形成されていることになる。かくて、国家、あるいは社会は引渡しを強制するだけでなく、引き渡されるべき物が何であるかも決定することができる。国家はまず契約における名称、あるいは記述に照応する物を支払うことを強制する法の権威として現れ、つぎに、その名称に照応する物がどんなものであるかを定め、布告する権限を有し、その布告を時には変更することができるという二つの役割を演ずるようになる。近代国家はすべてこの権利を要求している。貨幣は国家の創造物であるというクナップの表券主義の貨幣学説が現れたのは、貨幣の発展におけるこの段階であったと述べている。[18]

　かくて、国家が一般的に使われている計算貨幣に対してどんなものを貨幣としてこれに照応させるかを決定し、布告する権利を有するようになったときに、表券主義的貨幣、すなわち国家貨幣の時代が到来したのである。今日においては、すべての文明社会の貨幣が表券主義的貨幣であることは、議論の余地のないところであると指摘している。[19]

　この計算貨幣という本源的概念から二つの派生的概念が生ずる。すなわち、計算貨幣をもって表示された契約の付け値、契約、そして債務の承認と計算貨幣をもって表示された契約ないし債務の履行のために手渡される本来の貨幣とである。前者における債務の承認が取引の決済のために本来の貨幣の代用物となりうるという発見によって、債務の承認がこのように使用されるようになると、それは銀行貨幣と呼ばれる。銀行貨幣は計算貨幣によって表示された債務の承認に過ぎないが、人から人へと手渡されて取引の決済のために利用され、本来の貨幣とともに流通する。かくて、計算貨幣から本来の貨幣と銀行貨幣という二つの貨幣が形成されてくることになる。[20]さらに、この二つの貨幣から種々の貨幣概念が派生してくること

が展開されているが、それらについては省略して先に進もう。

　さて、かれは、貨幣のなかで銀行貨幣が主要な部分を占めることを確認し、貨幣の保有される理由に基づいて銀行預金を三つに分類している[21]。すなわち、所得預金、営業預金および貯蓄預金である。一般に所得の受け取りと支出との間には時間的隔たりがあり、その隔たりをつなぐために、あるいは不時の事態に備えるために、即時的に使用可能な一定金額を貨幣あるいは預金で保有しておかなければならない。個人の所得から補充され、個人的な支出および貯蓄に充当される預金が所得預金である。預金勘定を持たない労働者が保有する現金もこの範疇に入ることになる。商業者、製造業者および投機業者は営業活動のなかで受取と支払とを時間的にも金融的にも完全に一致させることは不可能である。したがって、営業活動をスムーズに行なっていくために、あるいはその活動のなかで不慮の事態に対処するために、業者はある程度の現金を保有しておかなければならない。もちろん、その金額は営業活動の性質によって、また経済状況によって変わってくるのであるが、この目的のために保有される預金が営業預金である。貯蓄預金は貯蓄の運用における一方法として保有される。保有者にとっては種々の意図が考えられるであろう。すなわち、現金で保有するより預金にしておくと利子がつくので、他の投資物件の貨幣価値が下落すると予想されるので貯蓄の貨幣価値の安定性に配慮して、短期間で現金化しなければならない可能性を考慮して、さらには、ある投資をするために一定の金額に達するまで預金で蓄えるので、というような意図である[22]。

　つぎに、『雇用・利子および貨幣の一般理論』においては、投資は資本の限界効率と利子率との関係によって決まってくる。資本の限界効率は資本資産の予想利潤率にあたり、資金需要の条件を支配する要因である。それに対して、利子率は資金供給の条件を支配する要因である。かくて、資金の需要と供給は資本の限界効率と利子率とが等しくなったときに一致し、両者が等しくなるまで投資が行なわれることになる[23]。そして、利子率は貨幣量と流動性選好に依存する。貨幣量は貨幣当局の意向によって決まって

くるが、流動性選好はどんな物にも転化可能な、もっとも流動性の高い貨幣を保有しようとする欲求である。そして、その貨幣保有の欲求を一定期間手放すことに対する報酬が利子であり、またその貨幣保有の欲求と現存貨幣量とを均衡化させる価格が利子率なのである。かくて、貨幣保有量は利子率との関連において理論体系のなかで位置付けられている。

貨幣保有量は流動性選好、つまり貨幣保有の欲求に依存し、その欲求の動機として三つの動機が挙げられている。すなわち、それらは取引動機、予備的動機および投機的動機である。以下、それぞれの動機についてかれの説明を述べておこう。

取引動機についてはさらに所得動機と営業動機とに分けられる。所得動機に基づき貨幣を保有する理由は、いま所得を受け取ってから次の所得を受け取るまでの期間にわたって、生活を維持していくために所得が順次支出されていくことになるからである。その間の支出をしていくためにある貨幣額が保有されなければならない。この動機に基づく貨幣の保有量は所得額と所得を受け取る時間的間隔とに依存するであろう。所得額が増減するのに応じて生活水準もまた増減すると考えるならば、所得動機に基づく貨幣保有額は、所得の増減に対応して増減する。また、所得を受け取る時間的間隔の長短によって、この動機に基づく貨幣の保有量は増減し、時間的間隔が長くなれば増加し、それが短くなれば減少する。

営業活動に携わる企業は、商品が生産・販売されるまでの期間、営業に関わる費用を負担しなければならない。したがって、企業はこれら費用の支出のために必要なある一定の貨幣額を保有していなければならない。このために企業の保有する貨幣が営業動機に基づく貨幣保有額である。この動機に基づく貨幣需要の強さは当期における生産額および生産物の流通回数によって決まってくる。当期の生産額が多くなれば貨幣需要の強さは増大するし、その生産額が少なくなれば貨幣需要の強さは減少するであろう。また、生産物の流通回数が多ければ貨幣需要の強さは小さくてすむし、その流通回数が少なければ貨幣需要の強さは大きくなるであろう。

つぎに、予備的動機は万一不測の事態が起こった場合を考えて予め準備しておく貨幣保有の動機である。想定していなかった事件が突然に勃発し、それに対処するために貨幣の支出が必要になるとか、また、条件が折り合わず購入していなかったが、たまたま偶然に有利な条件で購入可能な機会が現れるとか、今後の債務を弁済するために準備しておくとか、という事態に備えて常日頃からある程度の貨幣額を保有しておくことは必要である。このような事態に対処するための貨幣需要が予備的動機に基づく貨幣額である。したがって、将来に起こりうる、あるいは起こりうるかもしれない貨幣支出のためとはいえ、支出を想定した貨幣保有とみるべきであろう。

　以上の三つの動機に基づく貨幣需要の強さは、もし貨幣が必要になったときに、その必要な貨幣を容易に、かつ安く借り入れることができるかどうかによって異なってくる。すなわち、貨幣を必要とするときに、確実に、安価に借り入れることができるのであれば、そうでない場合、つまり借り入れが不確実であり、高くつく場合に比べれば、貨幣保有の動機は弱められるであろう。また、これらの動機の強さは貨幣保有の相対費用によっても変わってくる。もし、貨幣を保有することによって有利な条件の資産が購入できなくなるということであるならば、貨幣保有のための費用が高くつくために、貨幣保有の動機は弱められるであろう。また、貨幣を預金で保有するならば、利子が付くとか、手数料が安くなるとかという条件のもとでは、貨幣保有の費用が低くなるので、貨幣保有の動機は強められることになる。

　投機的動機は将来起こりうる事態について市場以上によりよく予測することによって利益を得ようとする意図に基づいている。現在において投資するよりも将来において投資したほうがより多くの利益が得られるという見通しのもとで貨幣が保有されるのである。たとえば、将来債券価格が上昇するという見通しのもとでは、現在債券を買っておいたほうが利益を獲得できるので投機的動機は弱められるであろう。それに反して、将来債券価格が低下するであろうという見通しのもとでは、現在債券を購入せずに

貨幣を保有しておいたほうが将来より多くの利益を獲得することができるので、投機的動機は強められるであろう。

　取引動機および予備的動機に基づく貨幣保有量は、一般的経済活動と所得水準の結果であり、これらの変化が生じないかぎり影響を受けないが、貨幣量の管理や偶然的変化が経済体系に影響を与えるのは投機的動機への作用を介してである。投機的動機による貨幣需要は利子率の変化に対応し、それに連続的に反応する。そこでは、投機的動機による貨幣需要と満期の異なった債券および債務の価格の変化によって与えられる利子率の変化とを結びつける連続的関係があるのである。

　公開市場操作による貨幣供給量の変化が投機的動機を満たす貨幣需要量に変化を及ぼしていく場合には、その貨幣需要量の変化は、公開市場操作による貨幣量の変化から生ずる利子率の変化および流動性関数へ影響を及ぼす期待の変化による利子率の変化という二つの経路を通じて現れる。けだし、公開市場操作は貨幣量の変化を引き起こすだけでなく、貨幣当局の将来の政策に対する期待への変化をも生じさせるからである。この期待の変化を生じさせる情報の変化による流動性関数の変化は多くの場合不連続であるから、それが利子率に与える変化もまた不連続である。

　取引動機および予備的動機に基づく保有貨幣量と投機的動機に基づく保有貨幣量とは全く無関係であるとはいえないのであるが、この二つの保有貨幣量は相互に独立しているとみなし、別々に考えていくことができる。そこで、取引動機および予備的動機を満たす保有貨幣量をM_1で表し、投機的動機を満たす保有貨幣量をM_2で表すことにし、さらに、前者に対する流動性関数をL_1で表し、後者に対する流動性関数をL_2で表すとすれば、L_1は主として所得水準に、またL_2は主として現在の利子率と将来の期待の状態との関係に依存しているので、総保有貨幣量Mは次のような式で表現されることになる。

$$M = M_1 + M_2 = L_1(Y) + L_2(r)$$

　したがって、所得Yに対応する流動性関数L_1がM_1を決定し、利子率rに

第1章　貨幣の流通量と保有量

対応する流動性関数L_2がM_2を決定することになり、かくて、M_1およびM_2の両者を合計すると、総保有貨幣量Mが決まってくるのである。

　いま、銀行組織によって信用条件が緩和され、貨幣量の増加が生じるならば、その増加は利子率の低下をもたらすことになる。利子率が低下して資本の限界効率以下になるならば、利子率と資本の限界効率とが等しくなるまで投資は増加し、その結果として産出量と所得が増加する。かくて、所得の増加に対応して取引動機および予備的動機を満たす貨幣保有量は増加することになる。貨幣の増加量がこの両動機を満たす貨幣量を越えている場合には、その超過分は投機的動機のための貨幣保有として吸収される。したがって、貨幣当局から供給された貨幣量はすべて三つの動機を満たす貨幣量として吸収されるのであるから、貨幣供給量の増加は貨幣の需要量、ないし保有量の増加となり、供給された貨幣はすべて需要され、保有されると考えられている。

　さて、それぞれの動機を満たすために保有される貨幣の機能について考えてみよう。取引動機を満たす貨幣は、所得動機にしろ、営業動機にしろ、商品およびサービスの購入に関わって保有されているのであるから、その貨幣は商品およびサービスの購入のために、あるいは債務の支払のために流通に入ることになる。したがって、それは購買手段、あるいは支払手段としての機能を果たす貨幣であるといえる。つぎに、予備的動機を満たす貨幣は、思いがけない、不測の事態が生じたとか、意外な好機が現れたとか、というときに流通に入り、購買手段として、あるいは支払手段として機能することになる。もし、そのような緊急事態や好機が現れなかったならば、その貨幣は流通に入ることなく、保有されたままになるであろうが、しかし、あくまでも流通に入り購買手段、あるいは支払手段としての機能を果たす可能性を前提として保有されている貨幣と考えるべきであろう。

　上述のように、取引動機および予備的動機に基づいて保有される貨幣は、購買手段、あるいは支払手段としての本来的機能をもった貨幣であったが、投機的動機に基づいて保有される貨幣は、利子率と資本の限界効率との関

係からいって利益があがらないので手放されて投資されないのであり、投資機会が存在しないがゆえに保有されたままになっている貨幣である。そうすると、この貨幣は利益を取得することを目的として保有されているといわなければならず、購買手段、あるいは支払手段として貨幣本来の機能を果たす貨幣ではなく、資本としての機能をもった貨幣であるといわなければならないであろう。

　さて、貨幣を保有の形態でとらえることは、貨幣が現実に流通して機能する以前における把握の仕方であり、その貨幣量は事前的貨幣量になるので、保有の動機が問題になっていた。取引動機に基づき保有された貨幣と予備的動機に基づき保有された貨幣のうち流通に入った貨幣は、流通手段として、あるいは支払手段として流通することになるので、流通貨幣量となりうる。しかし、予備的動機に基づき保有された貨幣のなかで流通に入らない貨幣と資本機能を果たすべく投機的動機に基づいて保有された貨幣は退蔵貨幣の機能を果たすことになる。したがって、ケインズの保有貨幣量は流通貨幣量だけでなく、退蔵貨幣量を含んだ貨幣量、すなわち総貨幣量になっているように思われる。

3．M.フリードマン

　フリードマンは貨幣量に関して供給量と需要量とを区別して考え、貨幣数量説を所得理論や物価理論としてではなく、貨幣の需要理論としてとらえているのである。かくて、貨幣は経済主体にとって商品と同じように需要の対象物であり、需要されて保有されること自体が目的になる。まず、貨幣の供給量にあたる名目貨幣ストックは貨幣当局、あるいは金融機関の側から決まってくるものであり、貨幣保有者はそれを変更することはできず、ただ受け入れるだけにすぎないのである。それに反して、貨幣の需要量にあたる実質貨幣ストックは貨幣保有者が決定することができる。いま、貨幣保有者が保有する貨幣量を減少させようと欲するならば、彼は貨幣の

第1章　貨幣の流通量と保有量

支出を増加させるであろう。支出された貨幣量は他の誰かによって保有されることになるので、名目貨幣量は変わらないが、しかし、貨幣支出の増加が、物価を騰貴させ、また貨幣所得を増加させるならば、実質貨幣ストックの減少となり、所望される貨幣量に実質貨幣量を減少させることができる。それとは反対に、貨幣保有者がより多くの貨幣を保有しようと欲するならば、彼は貨幣の支出を減少させるであろう。かくて、貨幣支出の減少は物価を下落させ、貨幣所得を減少させるので、実質貨幣ストックは増加することになる。つまり、当初における名目貨幣残高が過剰である場合には、名目貨幣量には変化がなくても、物価の上昇や貨幣所得の増加によって保有可能な実質貨幣残高が減少し、所望される実質貨幣残高が減少することによって、名目貨幣残高の過剰は解消される。また、当初における名目貨幣残高が不足である場合には、名目貨幣量の変化なしに、物価の下落や貨幣所得の減少によって保有可能な実質貨幣残高が増加し、所望される実質貨幣残高が増加して名目貨幣残高の不足は解消されることになる。[29]

　つぎに、貨幣保有者を消費者、ないし最終の富所有者と事業活動を行なう企業という二つの範疇に分け、この両者にとって保有される貨幣の性質に関するかれの説明を述べておこう。消費者にとっては、一人当たりの実質所得の増加率よりも一人当たりの実質現金残高の増加率が高いという統計上の事実的結果は、もしその結果が安定的な需要関係を反映しているとすれば、貨幣を需要の対象として消費財になぞらえるならば、それは奢侈品に相当することになる。[30] また、最終の富所有者にとっては、貨幣の保有目的からみるならば、それは一種の資産として保有されるのであり、保有される富の一形態なのである。そうすると、消費者、ないし最終の富所有者の貨幣需要分析は、形式的には、消費サービスに対する需要分析と同じことになり、その貨幣需要は消費選択の理論によってつぎの三つの要因から決まってくることになる。すなわち、1．保有される各種富の総量、2．この貨幣形態の富および代替可能な他の富の価格と収益、ならびに3．富所有者の嗜好と選好である。[31]

富は種々の形態で保有されるのであるが、かれは五つの形態の富を念頭において考えれば充分であるといっている。それらの形態は1.貨幣、2.債券、3.持ち分権、4.物的財貨、5.人的資本である。それらの富の相互転換には制限があるとしても、保有される富の構成比は消費者にとって効用が最大になるように配分される。人間の生産力という富の形態を除き、一形態の富から他の形態の富への転換は所得の流れの組成を変えることになるので、保有する富の構成を考えるにあたっては、その市場価格だけでなく、富から生ずる所得の流れの形態およびその大きさが考慮の対象になるのは当然である。(32)

　企業にとっては、貨幣は一つの生産的資産として保有されるのであるが、この場合に問題となるのは、企業の保有する貨幣がどんな資産なのかという問題である。それは景気循環において経常的生産よりも変動の振幅が大きいと考えられる在庫のような資産とみなすべきなのか、あるいはそれよりも振幅の小さい、そして長期的な生産額に基づいて決められる固定資本のような資産とみなすべきなのであろうか。観察された貨幣の所得流通速度の景気循環との整合性は、企業においても消費者においても、貨幣保有よりも所得のほうが景気循環において増減幅の大きいことを反映しているとすれば、両者の貨幣保有における比重の変化と流通速度の首尾一貫した変動とにかんがみても、現金残高は在庫よりもむしろ固定資本に類するものと考えられている。(33)

　また、貨幣が企業にとって資本財であり、生産的サービスを提供する資産であるとすれば、それは他の生産的サービスと結合されて企業の販売する生産物を生産するのである。そうすると、企業における貨幣の需要理論は資本理論において考察されるべきテーマであり、資本市場における資本の需給を通じて獲得される資本調達の問題となる。(34)かくて、企業によって調達される貨幣量は、他の生産的サービスの源泉と同様に、その生産的サービスのコスト、代替可能な他の生産的サービスのコスト、ならびに生産的サービスによって生産される価値生産物に依存することになる。なお、

貨幣の生産的サービスによって生産される生産高単位あたりの価値生産物は、生産条件、すなわち生産関数に依存するのである。

　つぎに、貨幣保有量に関しては、貨幣保有者は、貨幣収入にではなく、長期的所得ポジションに基づいて、また現在物価によってではなく、長期的物価変動の観点に基づいてその保有額を決定すると考えられている。したがって、現金残高の保有動機がどうであろうとも、現金残高はかなり長期間にわたって、かつ不定期間にわたって保有される、あるいは保有されると期待される。この意味において、貨幣保有者が現金残高に関して判断を下す場合には、かれは長期間、または不定期間にわたって貨幣と等価である財貨、ないしサービスの量で計って現金残高を判断するという考え方に立っている。

　さらに、貨幣理論において重視され、考察されてきた貨幣の保有動機に関しては、通常あげられている三つの動機、すなわち取引動機、投機的動機および資産あるいは予備的動機について、かれの見解が述べられている。最初にあげられる取引動機は、現金残高と支払の流れとの間にはほとんど機械的な関係が存在するように考えられ、もっとも重視されるものであるが、この動機を重視する考えには重大な疑問を呈している。かれの分析結果に基づいて二つの理由があげられている。第一には、循環分析の短期的結果からみるならば、現金残高の変化は取引量の変化に対応する大きさではなく、それよりも少ない変化の大きさに見合っていることが確認されている。第二には、長期的分析の結果からみるならば、貨幣の所得流通速度の趨勢的低下は取引量によっては説明困難である。取引動機に基づく貨幣保有を重視することが正当化されるためには、所得に対する貨幣残高の比率が増加したことを説明できるほどに、所得に対する取引量の比率が長期間にわたって増加したということは疑わしいのである。その上、運輸部門および通信部門における業務の改善、金融機関における決済技術の発達は、取引単位あたりに必要な貨幣額を減少させてきているので、貨幣の流通速度を増加させる要因である。このような根拠から取引動機を重視する考え

が斥けられる。⁽³⁷⁾

　また、投機的動機による貨幣保有に関しても、それは重視すべきでないという。この動機が重視され、支配的であるとすれば、貨幣需要は幅広い循環運動を受けやすくなると期待されるので、所望される現金残高においても幅広い循環運動が現れるはずである。けれども、現実の観察結果は逆であった。じっさい、循環運動においては、現金残高は所得よりも小さな幅で変動していることが確認されているからである。⁽³⁸⁾

　しかし、予備的動機、ないし資産動機については、かれの考察は上述の二つの動機とは異なってこの動機を重視している。富の総額の構成要素が人的ならびに非人的所得の源泉であると考えるならば、恒常所得は富と密接に関連づけられた概念となり、また実際に富の指標とすることができる。そこで、これまでの分析結果から二つの解釈のいずれかが成り立つことになる。第一の解釈は、所得と富、ないし資産との密接な関係から資産動機を消費または所得動機に等しいとみなすことである。恒常所得、つまり富の総額が増加するのにともなって、消費者は奢侈品に対する支出を所得の増加率以上に高めることになる。一人当たりの実質所得が趨勢的に増加している諸国においては、貨幣ストックの増加率は一般に貨幣所得の増加率より大きいのであるから、貨幣の提供する用役を奢侈品の用役と同様であるとみなし、そのなかに含めて考えていくことができる。第二の解釈は、本来の資産動機により近いものであるが、現金保有がすべての富に対してではなく、主として非人的富にリンクされ、そしてまた、恒常所得の増加にともなって非人的富の総価値が急速に増加することにある。その理由は、このような非人的富の総価値の急速な増加が所得増加にとって必要条件であるのか、あるいは、富の総額が増加するときにおける人びとの選好であるのか、いずれかによるのであろう。けれども、この説明の検証にとっては、非人的富の比率の趨勢変動および循環変動について利用可能な証拠資料は充分ではなく、いずれかを確認できないとのことである。いずれの解釈をとるにしても、貨幣の保有に関するかれの分析結果は、資産と関連す

る動機および変数が考察すべきもっとも有用な範疇であることを示しており、したがって、もっとも有用な接近方法と考えられるのは、貨幣を資産の一項目としてとらえ、債券、持ち分権、住宅、耐久消費財およびその他資産と同列においてその分析を進めることであった。[39]

　以上、貨幣および貨幣保有についてフリードマンの所説を述べてきたが、所得、貨幣残高、ならびに貨幣の所得流通速度における趨勢的および循環的な変化の事実関係を基礎におき、それらと矛盾なく貨幣や貨幣保有をいかに説明するかという観点から考察が行なわれているように思われるが、そのなかにおけるかれの考え方の特色を指摘しておくことにしよう。

　まず、貨幣を需要の対象としてとらえ、財貨に対する需要と同じように考え、貨幣と財貨とを同列に扱っていることである。したがって、消費者にとっては、貨幣は奢侈品に相当し、貨幣保有の分析には消費選択理論が適用され、また、最終の富所有者にとっては、貨幣は資産に相当し、貨幣保有の分析には資産選択の理論が適用され、企業にとっては、貨幣は資本財であり、とくに固定資本に相当し、貨幣保有の分析には資本理論が適用されることになる。

　つぎに、貨幣保有の動機に関しては、取引動機および投機的動機を重視する考えには事実関係から疑問とし、そして、予備的動機を重視している。しかも、予備的動機は資産動機と同じものとして取り扱われ、貨幣は資産の一項目となる。かくして、貨幣は他の資産と同列に扱われ、また他の資産と代替関係にあるものとして把握されている。この観点からみるならば、かれの貨幣保有量は流通手段および支払手段として流通に入らない退蔵貨幣にあたるようにみえる。

　さらに、貨幣保有量に関しては、外生的に決まってくる名目的貨幣保有量の需要される貨幣保有量に対する過不足が、貨幣保有者の貨幣支出の増減を引き起こし、経済活動の変動となり、調整の結果として実質的貨幣保有量がきまってくるのである。したがって、名目的貨幣保有量が事前的に把握された貨幣量であり、実質的貨幣保有量が事後的に把握された貨幣量

である。そして、名目的には同額の貨幣量が相対的に価値の増減した貨幣量として保有されるのであろう。かくて、同額の貨幣保有量が名目と実質に区別されているが、貨幣が貨幣当局から外生的に供給されてきて名目貨幣保有量となるとすれば、供給された貨幣量はすべて名目貨幣保有量に吸収されることになり、かれの貨幣保有量は総貨幣量に相当することになろう。

おわりに

　本稿を終えるにあたって、マルクス、ケインズおよびフリードマンの貨幣観と貨幣量の把握方法を要約し、その上で貨幣量を流通量と保有量としてとらえることによってどんな相異が生じるかについて確かめておくことにしよう。

　マルクスは商品価値を表現する尺度に貨幣の根源的な働きを求め、すべての商品に対してその価値を表現する等価の関係に立つもの、すなわち一般的等価物が貨幣の役割を果たし、やがてその役割を金が担うようになったことを説明している。貨幣が価値の尺度として機能するためには、そのもの自体が価値をもっていなければならないから、価値をもった金の存在が前提になっている。その上で、金が貨幣として機能する場合に、金の一定重量につけられた名称が価格標準であった。しかし、金が価値尺度の機能を果たすためには、価値実体としての金は必要ではなく、観念的な金で充分であったから、価格標準としての機能についても、当然に観念的な金がその役割を果たせることになる。そこに金の一定重量に付けられた呼称が、ケインズの計算貨幣のように、金から遊離し、無内容な、たんなる計算単位の名称として把握されるようになる契機をもっているといえよう。

　ケインズにおいては、債務や価格が計算貨幣、すなわちポンド、ドル、円等によって表現されていることを指摘し、貨幣の根源的概念を計算貨幣に求めている。そして、計算貨幣と貨幣との区別は、前者が記述、あるい

第1章　貨幣の流通量と保有量

は称号であるのに対し、後者がその称号に照応する物であり、その照応する物を決定するのが国家であった。かくて、実体のない、無内容の称号、ドル、ポンド、円等が計算貨幣として貨幣の根源にあって、その称号の内実を国家が定めることによって貨幣となるのである。このような貨幣概念は、価格標準が国家によって決定されるという事実関係から貨幣を説明することになり、クナップの貨幣国定説と同様な表券主義の貨幣学説を取るようになったのであろう。

　フリードマンは貨幣量を供給量と需要量とに区別し、貨幣を需要の対象としてとらえ、貨幣と財貨とを同列に扱っている。消費者、ないし最終の富所有者にとっては、貨幣を奢侈品、物的資産および人的資産と同類のものとみなし、また企業にとっては、生産的サービスの提供という観点から資本財の固定資本に類するものとみなしている。したがって、貨幣が財貨と対立し、財貨と交換される立場にたち、財貨と異なった機能を果たすという思考は極めて希薄のように思われる。そのことは、かれが取引動機を軽視し、資産動機のみを重視し、貨幣を資産として保有するという観点から考察するようになったのであろう。

　さて、貨幣量を流通量として、あるいは保有量として把握することによってどんな相違が生ずるかという問題を要約しておこう。マルクスは商品およびサービスの流通との関連で貨幣をとらえて、流通手段および支払手段として機能する貨幣量を流通貨幣量とし、流通に入らないで保蔵され、退蔵貨幣として機能する貨幣量を退蔵貨幣量として把握し、両者をあわせて総貨幣量とした。それに対して、ケインズおよびフリードマンは貨幣量を保有量としてとらえているのであるが、まずケインズにおいては、保有貨幣量は、流通貨幣量だけでなく、退蔵貨幣量を含めた総貨幣量として把握されている。そこで、流通手段および支払手段として機能する貨幣だけでなく、資本として機能する貨幣も保有量に含まれることになり、貨幣と資本との機能上の区別が明確になっていないきらいがある。つぎに、フリードマンにあっては、奢侈品と同類の貨幣、資産および資本として機能す

る貨幣が保有量としてとらえられることになり、取引動機に基づき一時的に保有され、流通に入る予定になっている流通手段および支払手段としての貨幣は保有量の中に含まれないのであろう。

　要するに、貨幣を流通量としてとらえる場合には、貨幣の本来的機能である流通手段および支払手段の数量のみが集計され、商品取引と直接関わる貨幣量が把握されているのであるが、貨幣を保有量としてとらえる場合には、その集計量のなかには貨幣資本や貨幣資産も含まれることになり、商品取引に直接関わりをもたない貨幣が入ってくることになる。資本主義経済の発展とともに、資本蓄積が進行し、資産も増大するであろうから、貨幣資本および貨幣資産としての貨幣が重視され、貨幣保有量のなかに占めるそれらの割合が増加してきたことの反映なのであろうか。

注

（1）K.Marx, Das Kapital, Ⅰ, Dietz Verlag Berlin, 1953, S.92. 向坂逸郎訳『資本論』（一）、岩波文庫、2003、156ページ。
（2）K.Marx, a.a.O., S.95. 上掲訳書、161ページ。
（3）K.Marx, a.a.O., S.119. 上掲訳書、202ページ。
（4）K.Marx, a.a.O., S.129. 上掲訳書、215ページ。
（5）K.Marx, a.a.O., SS.140-141. 上掲訳書、235-236ページ。
（6）K.Marx, a.a.O., SS.124-125. 上掲訳書、209-210ページ。
（7）K.Marx, a.a.O., SS.142-143. 上掲訳書、239ページ。
（8）K.Marx, a.a.O., SS.144-145. 上掲訳書、242ページ。
（9）K.Marx, a.a.O., SS.139-140. 上掲訳書、234ページ。
（10）K.Marx, Das Kapital, Ⅱ, S.23. 向坂逸郎訳『資本論』（四）、岩波文庫、2001、41ページ。
（11）K.Marx, a.a.O., S.26 und S.36. 上掲訳書、46ページおよび61ページ。
（12）K.Marx, a.a.O., SS.95-96 und SS.108-109. 上掲訳書、149-150ページおよび166-168ページ。
（13）K.Marx, a.a.O., SS.109-110. 前掲訳書、168-170ページ。
（14）K.Marx, a.a.O., S.108. 前掲訳書、167ページ。

(15) K.Marx, Das kapital, Ⅲ, S.487. 向坂逸郎訳『資本論』、(七)、岩波文庫、2002、190ページ。
(16) K.Marx, a.a.O., S.567. 前掲訳書、310ページ。
(17) The Collected Writings of John Maynard Keynes, V, A Treatise on Money, The Pure Theory, Macmillan, 1971. pp.3-4. 小泉明、長沢惟恭訳、ケインズ全集、第5巻、『貨幣論Ⅰ』貨幣の純粋理論、東洋経済新報社、昭和54年、3 - 4 ページ。
(18) J.M.Keynes, op.cit., p.4. 上掲訳書、4 ページ。
(19) J.M.Keynes, op.cit., p.4. 上掲訳書、5 ページ。
(20) J.M.Keynes, op.cit., p.5. 上掲訳書、5 - 6 ページ。
(21) J.M.Keynes, op.cit., p.27. 上掲訳書、31-32ページ。
(22) J.M.Keynes, op.cit., pp.30-31. 上掲訳書、34-36ページ。
(23) The Collected Writings of John Maynard Keynes, Ⅶ, The General Theory of Employment, Interest and Money, Macmillan, 1973. pp. 136-137. 上掲訳書、134ページ。
(24) J.M.Keynes, op.cit., pp.167-168. 上掲訳書、165-166ページ。
(25) J.M.Keynes, op.cit., pp.195-199. 上掲訳書、193-197ページ。
(26) J.M.Keynes, op.cit., pp.199-200. 上掲訳書、197ページ。
(27) J.M.Keynes, op.cit., pp.200-201. 上掲訳書、198ページ。
(28) M.Friedman, The Optimum Quantity of money and other Essays, Aldine Publishing Company, 1970, p.52.
(29) M.Friedman, op.cit., p.116. 水野正一、山下邦男監訳『現代の金融理論Ⅰ―流動性と貨幣需要―』勁草書房、1965、93-94ページ。
(30) M.Friedman, op.cit., p.113. 上掲訳書、90ページ。
(31) M.Friedman, op.cit., p.52.
(32) M.Friedman, op.cit., p.53.
(33) M.Friedman, op.cit., p.120. 上掲訳書、98-99ページ。
(34) M.Friedman, op.cit., p.52.
(35) M.Friedman, op.cit., pp.58-59.
(36) M.Friedman, op.cit., pp.120-121. 上掲訳書、99-100ページ。
(37) M.Friedman, op.cit., p.136. 上掲訳書、119ページ。
(38) M.Friedman, op.cit., pp.136-137. 上掲訳書、119ページ。

(39) M.Friedman, op.cit., p.137. 上掲訳書、119-120ページ。

第2章　貨幣とその流通量

はじめに

　貨幣の流通量が内生変数であるとすれば、貨幣当局といえどもそれを任意に決定することはできない。貨幣の流通量が経済内の諸変数によって決まってくるのであるから、経済の変動が生ずると、諸変数も変化し、それに対応して貨幣流通量が増減することになる。そこで、流通界で必要な貨幣量が多くなれば、それに対応して貨幣は貨幣当局から流通に入っていかなければならないし、流通界で必要な貨幣量が減少すれば、貨幣は流通から貨幣当局へ戻っていかなければならないことになる。したがって、この場合には、貨幣が流通界に入ったり、流通界から出たりするメカニズムが存在することを説明しなければならない。

　また、貨幣の流通量が外生変数であるとすれば、貨幣当局はそれを任意に増減させることができる。そこで、貨幣当局は流通貨幣量を増減させることによって経済の動向に適切な影響を与えることができよう。当局が貨幣供給量を増加させるならば、流通貨幣量が増加し、物価が上昇し、経済が拡大に向かうであろうし、また、当局が貨幣供給量を減少させるならば、流通貨幣量が減少し、物価が下落し、経済が縮小に向かうであろう。しかし、この場合には、現在の貨幣供給機構のもとにおいて、貨幣供給量の増減が必然的に貨幣流通量の増減となることを説明しなければならないであろう。

　ここでは、貨幣当局から供給される貨幣に関して、それぞれの貨幣がどのように供給され、需要され、そして流通するのかを考えてみたい。そのことによって、各貨幣の流通量が内生的に決まってくるのか、あるいは外

生的に決まってくるのかを見極めることができるのではなかろうか。現在流通している貨幣は不換銀行券、補助鋳貨および預金貨幣であるが、これらの貨幣だけでなく、これまで流通したことのある貨幣も含めて考察することにしよう。そうすることが、現在流通している貨幣についてもよりよく理解することができるであろうからである。

1. 鋳 貨

　鋳貨は貨幣の流通手段機能から生まれた貨幣形態である。流通界において貨幣は商品と相対して交換される。その場合に、両者の等価交換が前提であるから、貨幣である金は商品との交換においてその価値に等しい重量を持っていなければならない。そこで、商品交換の初期の段階においては、商品の交換にあたって、その都度、金の純分を確かめ、重量を計量して、商品の価値に相当する金量が手渡されていた。しかし、商品交換が拡大し、一般化していくなかで、商品交換のたびごとに試金や計量という技術的操作を行なうことは、煩雑であり、商品の流通にとって障害となり、その発展を阻害することになりかねない。[1]

　そこで、鋳造価格に基づき、一定の品位と重量を持った金を成型し、それに貨幣の計算名を刻印し、その品位および重量を証明した貨幣が鋳貨である。しかし、鋳貨としての品位と重量の証明が社会的に信頼に足るものでなければ、鋳貨は社会的に認知され、客観的妥当性をもって流通しないであろう。したがって、貨幣鋳造の業務はやがて国家に帰属することになる。国家は貨幣法に基づいてこの業務を行ない、鋳貨は国家の管理のもとで鋳造され流通に出される。国家は、金地金と鋳貨との同一性を確保しておくために、金地金を鋳造所にもってきて鋳貨を要求するものには、無料で、あるいは若干の手数料を取ってそれを引き渡し、また、鋳貨を自由に鋳潰して金地金に転換することも認められていた。このような制度は自由鋳造制度と呼ばれている。[2]

さて、鋳貨は貨幣法で定められた品位および量目の金を正確に含むように作られるべきであるが、すべての鋳貨がそのような厳密さをもって製造されることは不可能であり、鋳造過程における一定範囲内のわずかな誤差は認められている。この誤差は「公差」と呼ばれ、「公差」の範囲内の鋳貨は流通に出される。また、鋳貨は流通しているうちに物にぶつかったり触れたりして摩滅する。そこで、鋳貨に刻印されている名目的金量とそれに含まれている実質的金量との間に乖離が生ずるようになる。しかし、摩滅して実質的金量の減少した鋳貨も名目的金量のものとして流通し、その鋳貨と商品との交換は不等価交換となり、摩滅した鋳貨はその名目的金量に対する象徴的存在になる。このように摩滅した鋳貨が増加するならば、やがて価格の度量標準が変更される事態ともなりかねない。したがって、鋳造価格からはなはだしく乖離した鋳貨が流通するのは、決して望ましいことではない。そこで、国家は貨幣法において「通用最軽量目」を定め、その量目以下になった鋳貨の流通を禁止し、それを新たな鋳貨に交換すること(3)にしている。

　鋳貨はその貨幣名に相当する金重量を含んでいる実体価値を有する貨幣であるから、これを流通の外に出してもその価値を保全することができる。そこで、もし鋳貨が流通界で過剰になった場合には、それは流通の外に出されて退蔵貨幣となって蓄えられるか、あるいは鋳潰されて金地金として使用されるであろう。また、鋳貨が流通界で不足した場合には、退蔵されている鋳貨が流通に入ってくるか、あるいは金地金が鋳造され、新しい鋳(4)貨が流通に入ってくるであろう。すなわち、鋳貨は流通界の必要に応じて流通に入り、流通界で不必要になると流通から出て行き、その過不足は伸縮的に調整されるのであるから、鋳貨は流通界で過剰になったり、不足になったりすることはありえないであろう。したがって、鋳貨の流通量が過剰になって物価を騰貴させ、不足して物価を下落させることはありえない。鋳貨流通においては、その流通量は流通界の諸条件によって決まり、それに対応して鋳貨が流通に入ったり、出たりするのである。

2．補助鋳貨

　補助貨幣は、鋳貨に代わって流通する代用貨幣であり、鋳貨と同様に流通手段機能から生まれた貨幣である。いま、1オンス金を含んでいる1個の鋳貨が流通過程において10回商品の流通を媒介したとすれば、1個の鋳貨は1オンスの金であるにすぎないが、流通過程においては10個の鋳貨に相当する10オンスの金の機能を果たしていることになる。すなわち、現実に存在するのは、1オンスの金を含む1個の鋳貨であり、それが販売および購買においてそれぞれの商品の流通を媒介しているのに過ぎないのに、その鋳貨が流通過程で果たす機能のうえでは、10個の鋳貨、10オンスの金になっている。かくて、鋳貨の数量は流通速度によって代位されることになり、鋳貨が流通の内部で果たす機能という存在においては、流通手段としての観念化が生じている。[5]

　また、鋳貨は流通しているうちに摩滅する。それは一定期間に頻繁に流通すればするほど摩滅が進行するであろう。そうすると、鋳貨が鋳造価格に基づいて本来もっていた金量は、流通過程で減少し、鋳貨の鋳貨としての存在は、鋳貨の金としての存在から遊離し、鋳貨の金としての存在に対して仮象的な存在となり、象徴、または章標となる。しかしながら、流通過程の販売および購買では、摩滅して象徴化した鋳貨も本来の金量をもった鋳貨と同等の資格で、すなわち、1ポンドの鋳貨は1ポンドの鋳貨としての貨幣機能を果たす。したがって、鋳貨は流通によって観念化され、金の象徴的存在に転化されるのである。[6]

　かくて、貨幣流通においては、鋳貨の刻印された名目的金量と鋳貨の実際に含んでいる実質的金量とのあいだに乖離が生じ、その金属としての存在とその機能としての存在とが分離してくるとすれば、金属貨幣は、鋳貨の機能を果たすうえで、それ以外の材料からなる象徴、あるいは章標に代位される可能性を潜在的にもっているといえる。金鋳貨に代わって銀象徴

や銅象徴たる補助鋳貨がその役割を果たす理由は、歴史的には、極少量の金で鋳貨を作る技術的困難に、また、価値尺度としての機能がより高級な金属に移る瞬間において、それより低級な金属が貨幣として流通していた事情に求められる。

　補助鋳貨が鋳貨に代わって流通するのは、小口の売買が頻繁に行なわれる小売の流通であり、金の摩滅が最も激しく生ずる領域である。補助鋳貨の流通はこの領域に限定され、鋳貨の流通領域に入り込まないためにそれぞれの補助貨幣についてそれぞれ流通限度額が定められている。もちろん、鋳貨と補助鋳貨とは相互に入り組んで流通し、互いに補完可能になっている。かくて、鋳貨は、この流通領域に入っても、補助鋳貨に引き換えられ、この領域外に出される。

　補助貨幣の含有金属量は法律によって任意に定められる。それは鋳貨と異なり、その含有金属量とは無関係に流通機能を果たすので、摩滅の問題は流通のうえではなんら障害とはならない。したがって、鋳貨のように「通用最軽量目」は問題となりえない。むしろ、金属価格の上昇によって補助鋳貨が鋳潰されないためには、その含有金属量をより少なくしておくことが妥当であろう。

　鋳貨と同様に、補助鋳貨の鋳造権は国家に帰属し、国家は補助鋳貨を鋳造し、それを流通界に投入する。流通に必要な補助鋳貨は、その流通領域における小額の商品価格の実現に必要な数量であるから、国家はその数量に相当する補助鋳貨を流通に投入すればよいことになる。補助鋳貨は国家の手によって流通に入れられたのであるから、国家がそれを回収し、消滅させない限り、流通に入ったままになる。しかし、すでに述べたように、補助鋳貨はそれぞれ通用最高限度額が定められ、それらの流通領域が限定されているので、その領域を越えて鋳貨の流通領域に侵入することはできない。したがって、国家が多量に補助貨幣を流通に投入し、その結果として商品価格の一般的騰貴を引き起こすことはありえないであろう。もし、補助鋳貨が流通界で過剰になった場合には、その過剰分は小売商人の手元

で滞留することになろう。

　さて、今日の貨幣流通においては、もはや鋳貨流通は存在せず、不換銀行券および預金貨幣が流通し、補助鋳貨は不換銀行券を補って小額の取引領域で流通する貨幣制度になった。また、国家は現在においても補助鋳貨の鋳造権をもっているけれども、国家の手によって直接にそれが流通に投入されることはなくなり、中央銀行へ交付するという形式がとられるようになった。したがって、補助鋳貨は中央銀行の窓口から流通に入ることになった。それは中央銀行の金融機関預金から預金の引き出しを通じて預金銀行に渡り、さらに預金銀行の預金の引き出しによって、あるいは不換銀行券との交換によって顧客の手に渡って流通する。流通の過程においては、補助鋳貨は不換銀行券と相伴って流通し、それを補完することになる。そして、流通で不必要になった補助鋳貨は預金銀行に預金されて休息し、預金銀行でも必要でなくなったならば、さらに中央銀行への預金として戻ってくるであろう。補助鋳貨は中央銀行で休息し、滞留することになる。かくて、現実に流通する補助貨幣量は銀行券や預金貨幣への転換および逆転換によって伸縮するのであるが、国家が補助貨幣を回収しない限り、それは消滅してしまわない。

3．国家紙幣

　補助鋳貨が刻印された名目価値の貨幣として流通するのは、それが銀や銅の素材から成り立っているからではなく、その名目価値に等しい一定重量の金を代表するからであった。そうすると、一定量の金を代表して貨幣として流通するためには、貨幣の素材が銀や銅などの金属である必要はなく、ほとんど無価値な紙によってもその役割を果たしうることになる。かくして、国家が紙片に金額を印刷し、強制通用力に基づいて、国家の支出を通じて流通過程に投入するのが国家紙幣である。国家紙幣として有名なアッシニアおよびグリーンバックの例が示すように、革命や戦争において

国家の支出をまかなうために発行されたのである。

　補助鋳貨のように金属から成り立っている貨幣章標は、象徴的性格が完全に純化されていないが、紙幣ではそれが明白に現れて完成された形態となる。このように価値標章に過ぎないものが流通手段としての役割を果たすことができるのは、流通手段としての非目的性と瞬過性に求められる。商品流通においては、その目的とするところは商品と商品の交換であって、貨幣はその交換を媒介するに過ぎない。つまり、商品との交換を通じて貨幣を獲得することが目的ではなく、商品と交換された貨幣はただちに他の商品と交換されるのであるから、貨幣は一時的、瞬間的な役割を果たすに過ぎない。かくて、流通手段としての貨幣は実体価値がなくても、たんに価値を表示する章標でその役割を果たすことができる(13)。

　すでに述べたように、補助鋳貨の流通に関しては、それぞれについて流通可能な最高限度額が決められていた。したがって、補助鋳貨は、その限度額を越えて流通することができず、流通範囲が限定されているので、制限法貨と呼ばれる。それに対して、国家紙幣は、その流通になんらの制限もなく、どんな多額の金額についても流通させることができるので、無制限法貨と呼ばれる(14)。

　また、鋳貨は実体価値をもっているので、流通で必要でなくなれば流通の外に出て保蔵され、流通で必要になれば流通に入ってその機能を果たすのであった。したがって、それは流通に必要な貨幣量に対応する伸縮性をもっていた、しかし、国家紙幣は実体価値をもたず、ほとんど無価値な紙片に過ぎず、流通の外に出れば価値がなくなってしまうので、流通の外に出ることがなく、流通のなかにとどまって流通する(15)。

　国家紙幣は価値表章であり、金の一定重量を代表するがゆえに流通するのであるから、印刷された名目価値として流通するためには、その数量は流通必要金量の範囲内に限定されなければならない。流通必要金量は流通界の事情によって絶えず変動するので、国家紙幣が流通界で過剰にならないためには、その発行量は流通必要金量の最低量に、すなわち、それ以下

には絶対に低下しない限度額に制限されなければならない。もし、その限度額を超えて国家紙幣が発行されるならば、そのときには過剰になっていなかったとしても、流通必要金量が最低量になったならば、その数量は過剰になるからである。(16) したがって、その最低限度額以内であれば、国家紙幣は印刷された名目価値どおりに一定の金量を代表して流通することになる。

　しかし、これまでに国家紙幣が発行された事例から見るならば、アッシニアおよびグリーンバックのように、革命や戦争のような動乱のときに国家の支出をまかなうために発行されたのであった。したがって、国家紙幣は流通界の必要を満たすためではなく、国家の支出を満たすために発行されるので、多額の国家支出が必要な状況のもとでは、どうしても過剰な発行がなされることになる。過剰に発行された場合には、国家紙幣は流通の内在的法則にしたがって是正を受けざるをえなくなるのである。すなわち、過剰に供給された国家紙幣を流通に必要な貨幣量として流通の中に取り込む反応が内在的に起こってくる。流通に入った国家紙幣の全量で流通必要金量が代表されることになり、価格の度量標準が切り下げられ、国家紙幣の代表する金量が減少し、物価が騰貴する。(17) いま、国家が流通必要金量の2倍の国家紙幣を流通に投入するならば、その代表金量は2分の1になり、物価は2倍に騰貴するのである。

　さて、すでに述べたように、国家紙幣は、流通界の必要に応じて発行されたのではなく、国家の支出をまかなうために発行されたのであった。それは国家の支出によって流通に入り、国家が意識的に回収しない限り、流通の外に出ることがない。したがって、国家紙幣は流通界の必要に応じて出たり入ったりする伸縮性を備えていない。

4．銀行券

　銀行券は、貨幣の支払手段機能から生まれた代用貨幣であり、銀行の与(18)

える信用によって流通するのであるから、「銀行信用の通貨形態」[19]である。また、銀行信用は貸付けによって一覧払の約束手形の形式で与えられるので、銀行券は「貸付けられた銀行手形」[20]でもある。さらに、その一覧払いの約束手形は要求のあり次第貨幣である金によって支払われることになっているので、それは「金債務証書」[21]であるとも言える。かくして、銀行券は信用貨幣であり、債権債務の相殺によって流通する。その上、銀行券は信用が厚く「法定支払手段」[22]としても認められている。

さて、一般的に債権債務関係が発生した場合を考えるならば、取引上の債務を負った債務者が債務証書を作成して、あるいは約束手形を振り出して債権者に手渡すことになる。商業者は商品取引上の債務を負って約束手形を振り出し、国家は金銭貸借取引上の債務を負って国債を発行している。銀行も例外でないとすれば、銀行券が銀行の債務証書であり、約束手形であるとすれば、銀行は金融取引上の債務を負って銀行券を発行しているはずである。そうすると、銀行はいったいどんな債務を負っているのであろうか。

銀行券の発行には、保証準備発行と金準備発行がある。前者は手形割引と有価証券担保貸付によって行なわれ、後者は金の買上げによって行なわれる。さらに有価証券の買入れによっても銀行券が発行される。それぞれの場合において、銀行券がどのような金融取引上の債権債務関係の形成によって発行され、どのような債権債務の相殺によって流通し、そして銀行にどのように還流してくるのかを考えてみることにしよう。

まず、手形割引から始めよう。債権債務関係から見るならば、銀行の手形割引は、商業手形の所持人である債権者とその支払人である債務者との間に存在する一つの債権債務関係が、手形の債権者と銀行およびその債務者と銀行との二つの債権債務関係に振り替えられることになる[23]。つまり、手形が割引のために銀行に持ち込まれることによって、銀行は、その割引依頼人に対しては支払人の債務を肩代わりして債務を負い、その支払人に対しては手形の満期日に支払を受ける債権をもつことになり、また、手形

の割引依頼人はその支払人に対する債権が銀行に対する債権に代わり、その支払人は所持人に対する債務が銀行に対する債務に代わる。

そこで、銀行は、手形の所持人であった割引依頼人に対して負った債務に対して、その手形を保証として、すなわち手形支払人の支払を前提として銀行券を発行する。かくて、銀行券は、銀行の負った金融取引上の債務に基づき、金貨の支払を約束して発行されているので、銀行の債務証書、約束手形であり、銀行は銀行券の所持人に対して債務を負い、銀行券の所持人は銀行に対して債権を有することになる。また、割引かれた手形は支払期限以前であるので、支払期限までの間、銀行は貸付という形式で銀行券を手形の所持人であった割引依頼人に手渡したと想定するならば、貸付けた銀行は債権を有し、貸付を受けた手形の割引依頼人は返済の債務を負うことになる。かくて、銀行券に関しては、それを発行した銀行は債務を負い、手形の割引によって銀行券を受け取ったその割引依頼人は債権を持ち、さらに、貸付に関しては、貸付けた銀行は返済を受ける債権を持ち、貸付を受けた手形の割引依頼人は返済をする債務を負っている。したがって、銀行は一方で債権を有し、他方で債務を負い、同様に、手形の割引依頼人も一方で債権を有し、他方で債務を負う。かくて、両者の手元で債権債務が相互に相殺され、銀行券が流通に入り、流通界においては、銀行券の所持人は債権者に対する自己の債務が銀行の債務に肩代わりされることによって、当事者間の債権債務が決済され、銀行券は債権債務の相殺によって転々流通する。

そして、手形の支払期限が到来したならば、その支払人は銀行の所持している手形に対して銀行券で支払うことになる。この場合には、手形については、それを所持する銀行は債権を有し、その支払人は債務を負っている。また、銀行券については、それを発行した銀行は債務を負い、それを所持する支払人は債権をもっている。かくて、銀行および手形の支払人はそれぞれ一方で債権をもち、他方で債務を負っているので、両者の手元で債権債務が相互に相殺され、銀行券が支払われることによって、銀行券は

発行された銀行へ還流していくのである。

　つぎに、有価証券担保貸付に移ろう。短期の国債が担保となる場合を想定することにしよう。国債の保有者が銀行へ国債を担保として提供し、銀行はその担保提供者に銀行券を発行して貸し付けるという関係になる。国債に関していえば、国債の保有者はその満期時に償還を受ける債権を有し、国家はその保有者に償還を行なう債務を負っている。さて、国債が担保として銀行に提供されることによって、その保有者の債権は銀行に移り、銀行が国家に対して債権を有し、国家は銀行に対して債務を負うことになる。そこで、銀行は国債の債務を肩代わりして担保提供者に対して債務を負い銀行券を発行して貸付を行なう。借手が受け取った銀行券は銀行の債務を表す債務証書、約束手形であるから、借手は銀行に対して債権を有し、銀行は借手に対して債務を負う。また、貸付によって銀行は借手に債権を有し、借手は銀行に対して債務を負うことになる。かくて、銀行および借手はそれぞれ債権を有し、債務を負うという関係になり、両者の手元で債権債務が相互に相殺されて、銀行券が流通に入り、転々と流通するのである。

　貸付の返済期限が到来したときには、国債が満期になるのであれば、国家は国債を保有する銀行に対して銀行券で償還を行なう。国債については、国家は銀行に対して債務を負い、銀行は国家に対して債権を有するし、銀行券については、国家は銀行に対して債権を有し、銀行は国家に対して債務を負っている。したがって、銀行券は国家と銀行との債権債務の相殺を通じて還流していくことになる。さらに、国債担保と貸付に基づく銀行と借手との債権債務関係は国債の償還によって相互に相殺される。また、貸付の返済期限が到来したときに、国債が満期にならないのであれば、貸付に基づく債権債務と銀行券に基づく債権債務が両当事者間で相殺されて銀行券は銀行へ還流し、銀行から借手に対して担保物件が返還されて両者間の債権債務関係が消滅する。

　国債以外の有価証券を担保とする有価証券担保貸付に関しては、上述の説明において国債を手形やその他有価証券とし、国家を手形の支払人およ

びその他有価証券の発行者に置き換えるならば、銀行券の流通に関しては同様の説明が成り立つので、改めて説明する必要はないであろう。

　かくて、手形割引にしても、有価証券担保貸付にしても、銀行券は、流通界の必要に応じて発行され、債権債務の相殺によって流通し、流通界で不必要になれば銀行に還流してくるのであった。しかし、銀行券が還流していくためには、手形の支払期限が到来したときに、また貸付の返済期限が到来したときに、銀行券が手形の支払人、国家、ならびに借手の手もとになければならない。かくて、銀行券の還流は彼らの支払能力に依存することになろう。資本の循環が順調に行なわれ、資本の再生産の流動性が十分に確保されている限り、支払および返済は滞りなく行なわれることになろう。もし、資本の再生産の流動性が失われ、停滞的になり、支払および返済が滞って不可能になったならば、銀行券は還流してこなくなるであろう。けれども、銀行券は銀行の債務証書であるから、銀行に対する債務の支払に充てることができるだけでなく、法定支払手段として、債務の支払に充てることが可能である。また、銀行券は「金債務証書」であり、銀行でそれを金と兌換することができる。そこで、銀行券は、流通界で不必要になったならば、金との兌換を通じて銀行に還流するであろう。

　金準備発行については、銀行は金の買上げを行なう。金の買上げによって銀行券が発行され、流通に入る場合には、それは一覧払いの約束手形であるから、銀行がなんらの債務も負うことなく銀行券を発行することはありえないとすれば、銀行は金の買上げによって何らかの債務を負ったと考えなければならない。そうすると、この金の買上げは現金取引ではなく、信用取引であると考えるべきであろう。すなわち、銀行は金の所有者から金を信用で買上げ、銀行券という一覧払いの約束手形を振り出したことになる。この銀行券は、銀行券といっても商業手形に類するものとみるべきであり、銀行自身の信用、銀行自身の支払能力に基づいて流通する[24]のであるが、銀行はその保証として金を保有することになるので、銀行券を金に基づいて発行しているといえる。そして、銀行券はいつでも金に兌換され

るのであるから、流通界で不要になった場合には、銀行券は兌換を通じて銀行に還流してくるのである。

　それに加えて、銀行は手形、国債、その他債券を売買することができる。いま、銀行が国債を買入れた場合を想定しよう。国債に関していえば、その保有者は国家に対して債権を有し、国家は国債の保有者に対して債務を負っていた。銀行が国債を買入れることによって、国債の保有者と国家との債権債務関係は、銀行と国家との債権債務関係に振り替えられる。すなわち、国家は銀行に対して債務を負い、銀行は国家に対して債権をもつことになる。この国債の買入も、金の買上げと同様に信用をもって行なわれたとするならば、銀行は国債の売り手に対して債務を負い、その債務に基づいて銀行券を発行し、それを売り手に手渡すのである。したがって、国債の売り手は国家に対する債権が銀行に対する債権に変わったことになる。この銀行券は銀行の約束手形であり、銀行自身の信用に基づいて流通するのであるが、買入れた国債が保証になっているので、銀行の信用の背後には国家の信用が存在し、それを支えているといえよう。

　さて、国債の売り手は、前もって国債を購入して保有していたのであるから、銀行へ国債を売り渡すことによってその購入代金を取り戻したことになる。国債の購入が、所得から貯蓄されてまだ再生産過程に投下されない潜在的貨幣資本、あるいは銀行預金に基づく銀行の貸付資本から購入されていたとすれば、国債の形態が貨幣の形態に変わったに過ぎないのであり、その潜在的貨幣資本、あるいは貸付資本が投資ないし貸付されるか否かは、再生産過程の条件に依存することになる。国債の売り手が流通上の必要から銀行による国債の買入に応じたのであれば、発行された銀行券は流通に入っていくであろう。しかし、国債の買入が資金の需給状況や景気の動向等を考慮したうえで取られた銀行の政策的判断に基づく能動的な行為であるとすれば、発行された銀行券がすべて流通界の必要を満たすためのものであるとは必ずしもいえないであろう。たとえば、景気対策として不況を克服するために、この方法によって銀行が潤沢に資金を供給したと

しても、この資金の投資される条件が現実の再生産過程のなかに存在しない限り、供給された銀行券は商品・サービスを流通させるためには使用されず、一時的に保有されることになろう。しかし、流通界で過剰になった銀行券は、国債の売却によって銀行に還流させることができるし、また、銀行が売却しないとしても、金兌換を通じて還流してくることになるであろう。[25]

　以上の考察をまとめるならば、手形割引および有価証券担保貸付の場合には、銀行券は流通の必要に応じて発行され、債権債務の相殺を通じて流通し、期限が到来したならば、手形の支払および貸付の返済を通じて銀行に還流してくるのであった。もし、手形の不渡りや貸付の返済不能という事態が生じた場合には、このような方法で銀行券は銀行へ還流してこなくなる。しかし、銀行券は「金債務証書」であり、金に兌換される限り、流通界で不要になった銀行券は金兌換を通じて銀行に還流してくることになる。さらに、有価証券の買入の場合には、銀行券の発行がすべて流通界の要求に対応するものとはいえず、流通界の必要とする以上に銀行券が供給されることも起こりうるかもしれない。しかし、過剰になった銀行券は、流通に入りえないし、銀行による有価証券の売却によって還流させることができる。また、そのような対応がとられなくても、過剰な銀行券は金兌換を通じて銀行に還流してくるのであろう。かくて、銀行券は流通の必要に応じて伸縮し、銀行券の流通量は、結局、流通界の必要に対応する数量になると考えることができよう。

5．不換銀行券

　革命の勃発による銀行の危機的状況を救済するために、恐慌を緩和するために、また戦争の遂行に多額の財政資金を調達する必要のために、国家は金本位制を放棄せざるをえなくなり、法令により銀行に対して銀行券の金兌換を免除し、さらに法貨として公的金庫によって、また私人によって

受け取られるように、強制通用力を付与する行政措置を講ずることになる。かくて、銀行券は金に兌換されない不換銀行券になり、「金債務証書」という性質を失ってしまい、強制通用力に基づいて流通する国家紙幣の性質をもたされることになる。

しかし、銀行券が金兌換を免除され、強制通用力を付与されて、不換銀行券になったからといって、それと国家紙幣とをまったく同一視してよいのだろうか。不換銀行券が国家によって発行されるようになったわけでもないし、また国家の命令によって発行されるようになったわけでもなく、従来通りに国家から独立した信用機関としての銀行によって従来と同じ方法で発行されるのであれば、国家権力といえども、銀行券の金兌換を免除し、不換銀行券にすることによって、銀行券の信用貨幣としての本来的性質を完全に抹消してしまうことができるのであろうか。銀行券が金兌換を免除され、不換銀行券になることによってどれだけの変更が生じるのか、この問題を個々の発行のケースについて検討してみる必要があるように思われる。

そこで、不換銀行券の場合について、まず、保証準備発行に基づく手形割引及び有価証券担保貸付に関して検討してみよう。前節の銀行券についての説明を振り返ってみるならば、銀行券は銀行が金融取引上の債務を負い、その債務に基づいて発行されるのであり、また、金を保証として発行されるのではなく、手形および有価証券を保証として発行され、その発行、流通および還流までの過程は債権債務の相殺によって説明された。それが「金債務証書」であることは、手形の不渡りおよび貸付の返済不能の場合に、銀行に還流してくるための要件に過ぎなかった。したがって、手形が支払われ、貸付が返済される限り、その性格が「金債務証書」であるなしにかかわらず、つまり、兌換銀行券であれ、不換銀行券であれ、同一の説明が適用されても、なんら不都合がないように思われる。

ここでは、説明の繰り返しに過ぎないが、もう一度確認するために、不換銀行券の場合を前提し、手形の割引についてのみ簡潔に述べておこう。

箇条書きにすると次のようになる。
1. 商業手形の所持人がその手形を割引いてもらうために銀行に持ち込む。
2. 銀行は手形を取得することによってその所持人の支払人に対する債権を取得し、また、銀行は同時に支払人の所持人に対する債務を負うことになる。したがって、手形の所持人とその支払人との一つの債権債務関係が銀行と手形の支払人および銀行と手形の所持人であった割引依頼人の二つの債権債務関係に分割されることになる。
3. 銀行は割引依頼人に負った債務に基づき、受け取った手形を保証として不換銀行券を発行する。したがって、不換銀行券は「金債務証書」ではないが、銀行の負った債務に基づき発行された「債務証書」であることには変わりはない。
4. まだ手形の支払期限が到来していないので、それまでの間、銀行は割引依頼人に対して不換銀行券をもって貸し付けることになる。
5. 不換銀行券に関しては、手形の割引依頼人は銀行に対して債権を持ち、銀行は不換銀行券の所持人に対して債務を負うことになり、また、貸付に関しては、借手（手形の割引依頼人）は銀行に対して債務を負い、銀行は借手に対して債権をもつことになる。かくて、両者は債権を持つと同時に債務を負うという関係になり、不換銀行券は両者の手元で債権債務が相互に相殺されて流通に入っていき、債務の肩代わりによって転々流通する。
6. 手形の支払期限が到来したときには、手形の支払人は不換銀行券で銀行へ払う。この時には、手形に関しては、銀行は債権を持ち、手形の支払人は債務を負っており、不換銀行券に関しては、銀行は債務を負い、手形の支払人は債権を持っている。かくて、両者はそれぞれ債権債務を持ち、両者の手元で債権債務が相殺されるので、不換銀行券は債権債務の相殺を通じて銀行へ還流していくのである。

要するに、手形割引についていえば、不換銀行券は、銀行の負った金融

取引上の債務に基づいて発行された債務証書であり、債権債務の相殺を通じて流通に入り、債権債務の相殺によって流通界から銀行に還流してくるのであり、銀行を起点、終点とする円環状の債権債務の相殺によって不換銀行券が流通したことになる。金に兌換されなくなっても、依然として信用貨幣であるというべきであろう。この関係、すなわち、銀行の負った債務に基づいて発行され、債権債務の相殺によって流通し、そして銀行へ還流してくるという関係は、有価証券担保貸付によって発行された不換銀行券についても、前節における銀行券の説明から明らかなように、妥当するであろう。かくて、手形の割引および有価証券担保貸付によって発行された不換銀行券は、商業手形の支払および貸付の返済が滞りなく行なわれる限り、流通界の必要に対応して流通に入り、流通界で不要になるとそこから去って還流し、絶えず伸縮しているのであり、国家紙幣のように、一度流通に入ると、そこから外に出ることなく過剰になる可能性は全くないといえよう。

　つぎに、金の買上げについては、兌換銀行券の場合には、信用による取引と考えて、それに基づいて発行される銀行券は、商業手形に類するものとみなされ、銀行自身の信用、銀行の支払能力に基づいて流通するのであった。しかし、不換銀行券の場合には、信用による取引と考えるならば、発行された不換銀行券は金兌換されないので「金債務証書」でなくなるのであるから、金の保有者は銀行へ金を売らなくなるであろう。また、銀行も国内貨幣流通のために金準備を保有しておく必要がなくなるので、金の買上げは行なわなくてもよいことになる。銀行が金兌換を免除される以前に、金の買上げに基づいて発行された銀行券は不換銀行券となり、流通から還流してこない。

　さらに、不換銀行券による手形および国債等の債券の買入が行なわれる場合には、前節において銀行券についてなされた説明が踏襲されるならば、手形や債券の掛買いによって負った債務に基づいて、それらの債券を保証として不換銀行券が発行されたのであるから、金に兌換されなくなっても、

依然として債務証書であり、信用貨幣であることには変わりはないといえよう。ただし、不換銀行券は金兌換を通じて銀行に還流することはなくなり、その還流は銀行の有価証券の売却によって、また手形の支払期限および債券の満期の到来によって行なわれることになる。しかし、買入れた手形および債券が支払不能や償還不能になるならば、不換銀行券は還流してこないし、さらに、赤字財政のもとで国家の政策に協力して債券を買入れ、その保有が累積されるような状況になれば、不換銀行券が還流してこないようになる。したがって、手形や債券の買入によって発行された不換銀行券は、場合によっては、還流してこないことも起こりうることになるのである。

　最後に、銀行が国家から国債を直接引受ける場合に発行される不換銀行券について述べておこう。銀行は国債を引受け、その引受けによって国家に対して負った債務に基づき、その国債を保証として不換銀行券を発行し、それを国家に支払うことになる。したがって、不換銀行券は金に兌換されなくても、銀行の債務を表す債務証書であることに変わりはないといえよう。そうすると、国債に関しては、銀行は債権を有し、国家は債務を負う。不換銀行券については、銀行は債務を負い、国家は債権を持つという関係になる。このように考えるならば、国債の直接引受けによって発行される不換銀行券も信用貨幣であるといえよう。そして、国債の償還期限が到来したときに、国家が不換銀行券で国債の償還をするならば、不換銀行券は債権債務の相殺を通じて銀行に還流していく。

　かくて、国債の償還期限が短期であり、国家が支払能力を十分にもっており、償還期限が到来したときに国債を確実に償還できるのであれば、直接引受けによって発行された不換銀行券も、債権債務の相殺によって流通し、銀行に還流してくるのであるから、それは信用貨幣であるが、しかし、この不換銀行券は流通の必要に応じて、つまり流通の内部からの要求に基づいて発行されたものではなく、国家の支出の必要に応じて発行されたものである。この方法によって発行された不換銀行券の流通量は内生変数で

あるとはいえないであろう。財政資金の一時的調達の場合を除き、国債の発行は市中消化が原則であるとすれば、国家が銀行に直接引受けを要請するようになった段階では、もはや国債の市中消化が難しくなり、国家の支払能力にも疑問の抱かれる状態になってきているとみなければならない。国家による国債の償還が困難になって、銀行の引受けた国債の残高が累積していくような状態になるならば、銀行の直接引受けによって発行された不換銀行券が還流しなくなるであろう。

したがって、貨幣の流通上からみるならば、兌換銀行券についてはすべてが還流可能であるが、不換銀行券については、還流してこない場合が起こりうるのであり、還流してくる不換銀行券と還流してこない不換銀行券とが流通し、混合流通となりうるのである。前者が貨幣流通の法則に従う信用貨幣であり、後者が紙幣流通の法則に従う国家紙幣であるとすれば、貨幣流通の法則と紙幣流通の法則とは相反する法則であるから、同一の不換銀行券が同時に信用貨幣として、また国家紙幣として流通することはできないし、矛盾することになる。その矛盾の解決は、流通必要貨幣量内の場合には、すべての不換銀行券が信用貨幣として貨幣流通の法則に従い、流通必要貨幣量を越える場合には、すべての不換銀行券が国家紙幣に転化して紙幣流通の法則に従うことによって解消されることになろう。

6．預金貨幣

預金貨幣は銀行預金に基づいて生成してきた貨幣であり、この預金はまず貨幣が銀行へ寄託され(29)、銀行の預金口座にその貨幣金額が記帳されることによって形成される。この預金の形成から預金者と銀行との間に債権債務関係が生じる(30)。すなわち、預金者は銀行に対して預金の払い戻しを受ける債権を有し、銀行は預金者に対して預金を払い戻す債務を負っている。預金は要求払い預金と期限付き預金とに大別されるが、前者については、預金者はいつでも預金の払い戻しを要求することができる。

要求払い預金のうち当座預金に関しては、預金者は預金の払い戻しを受ける債権に基づいて銀行に対して第三者に預金の支払を依頼する指図証券、すなわち支払指図書にあたる小切手を振り出すことができる。この小切手は一覧払の手形であり、為替手形の書式と同様であって、振出人（預金者）、支払人（銀行）、および受取人（所持人）から構成されている。この所持人は小切手を銀行に呈示してその額面金額の貨幣を支払ってもらうことができる。そうすると、銀行は振出人の預金口座からその金額を差し引き、その小切手を呈示した所持人に対して貨幣を支払う。この場合においては、預金者が小切手を振り出さずに銀行の預金口座から貨幣を引き出し、その貨幣を受取人に支払ったのと同様の結果となり、決して貨幣の節約にはなっていない。ただし、小切手は商業手形と同様に流通するので、それが銀行で貨幣を支払ってもらう以前に、転々流通したとすれば、その過程で債権債務の相殺が行なわれ、貨幣の節約が行なわれたことになる。

　いま、小切手の振出人と受取人が同一銀行に預金口座を持っていたとするならば、小切手の受取人は、それを銀行に呈示し、貨幣を受け取ることなく、その金額を自分の預金口座に振り込んでもらうことができる。そうすると、銀行は振出人の預金口座から小切手の額面金額を差し引き、受取人の預金口座にその金額を追加記帳する。つまり、ある預金口座から他の預金口座へ金額を振替記帳することによって両者間の支払が完了する。したがって、この場合には、現実に貨幣が両者間で手渡されることなく、預金口座が貨幣の役割を果たしたことになるのであるから、それは預金貨幣と呼ばれる。

　取引関係にある両当事者が同じ銀行に預金口座を持っているとは限らない。小切手の振出人と受取人がそれぞれ別の銀行と取引関係にあるとすれば、前述のような同一銀行内での預金口座の振替という操作は不可能である。小切手の受取人が自分の取引銀行にそれを持ち込んで取立てを依頼するとするならば、その銀行は小切手の支払人である他の銀行にそれを呈示して貨幣の支払を受け、受取人の預金口座に入金の記帳をする。他方にお

いて、貨幣を支払った銀行では小切手の振出人の預金口座からその金額を差し引く記帳が行なわれる。この場合には、小切手の当事者間では貨幣の受渡しが行なわれないが、両者と取引している銀行間では貨幣の受渡しが行なわれるので、貨幣の節約にはならない。

そこで、銀行間で流通する貨幣を節約するために、銀行間で手形・小切手を相互に交換する機関として手形交換所が設立されると、そこに銀行の小切手が集められ、各銀行の受取小切手と支払小切手が銀行間で相互に相殺され、相殺尻だけが貨幣で支払われる。さらに、この貨幣についても、各銀行が中央銀行に預金口座を持つようになれば、銀行間の貨幣の受渡しが行なわれることなく、中央銀行の預金口座の記帳操作、すなわち、支払超過の銀行の預金口座からその超過額を差し引き、受取超過の銀行の預金口座へその超過額を加える記帳が行なわれ、銀行間のすべての決済が完了する。したがって、中央銀行を含めた銀行の預金口座の振替記帳だけですべての支払決済がなされることになる。

これまでは要求払い預金のうち当座預金についてのみ説明してきたが、もう一つの要求払い預金である普通預金についても預金口座の振替による代金の支払が当事者間の契約に基づき可能になった。税金や公共料金等の支払において、その支払人の普通預金口座から受取人の預金口座に振替記帳されて支払が完了する。また、クレジットカードの使用による商品およびサービスの購入代金が購入者の預金口座から販売者の預金口座へ振り替えられて決済されることも可能になった。

かくて、小切手の振出可能な当座預金だけでなく、普通預金についても、預金口座間の振替記帳ができるようになり、種々の支払が現金でなく預金貨幣で行なわれるようになり、預金貨幣の流通する範囲は拡大してきており、それは事業活動に携わる当事者間だけでなく、一般の給与所得者にまでも決済手段として使用されるようになってきている。

さて、これまでの説明においては、銀行への貨幣の預託によって預金が形成され、これに基づいて預金貨幣が流通すると考えてきた。しかし、銀

行は貸付によっても預金を創造することができる[31]。銀行が顧客に貸付を行なう場合には、貨幣を顧客に手渡すのではなく、その預金口座に貸付金額を記帳するにすぎない。したがって、貸付による預金口座への金額の記帳が預金貨幣の創造となり、預金の引出しだけでなく、貸付金の返済によって預金貨幣が消滅することになる。また、預金口座間の振替に関していえば、同一銀行内においては、一方の顧客の預金が増加すると同時に、他方の顧客の預金が減少し、この銀行の総預金額は増加も減少もせず、同一である。銀行間においては、一方の銀行の預金が増加し、他方の銀行の預金が減少するが、銀行組織全体でみれば、総預金額は増減がなく、同一のままである。

　預金貨幣は商品・サービスの購入、ならびにそれに基づく債務の決済のために流通するのであるから、流通の必要に応じて流通することになる。したがって、流通界の必要以上に預金貨幣が過剰に流通することはありえないといえよう。また、銀行に預託されている要求払い預金についていえば、当座預金は支払決済用の預金であるが、普通預金については一時的な貯蓄預金の性質を持っており、両者の合計である要求払い預金総額が預金貨幣としてすべて流通するとは限らないであろう。かくて、預金の保有額と預金貨幣としての流通額とが必ずしも一致するとはいえないであろう。

おわりに

　これまでに種々の貨幣について考察を加えてきたが、現実に流通している貨幣は、不換銀行券、補助貨幣および預金貨幣である。補助貨幣は国家によって鋳造されているけれども、国家から直接流通に出されるのではなく、中央銀行に交付され、その窓口から流通にだされている。そして、それは小口取引のために一定の限度額以内で不換銀行券に代わって流通し、相互に転換が可能である。したがって、補助貨幣は不換銀行券の流通を部分的に補っているにすぎず、その流通を補完しているといえよう。また、

預金貨幣は商品・サービスの流通に基づいて流通し、流通界の必要に応じて流通するのであり、したがって、預金貨幣の流通量は内生変数としてとらえるべきである。そうすると、問題は不換銀行券の流通量ということになる。

さて、不換銀行券の発行に関しては、流通界の必要に基づく要求に対応した受動的発行、流通界の要求への受動的対応ではなく、中央銀行の政策的判断に基づく能動的発行および政府の財政支出の必要に基づく発行があった。この三つの発行方法において、第一は手形割引と有価証券担保貸付とによって発行された不換銀行券であり、手形の不渡りや貸付の返済不能が生じない限り、それは流通界の必要に対応して発行され、流通界で不要になれば、中央銀行に還流してくるのであるから、その流通量は伸縮性を持っており、内生変数であるといえよう。第二は有価証券の買入によって発行される不換銀行券であり、この場合には、流通界の必要に対応している発行と対応していない発行とが起こりうるように思われる。前者の発行による不換銀行券は流通に入って流通量となるが、後者の発行による不換銀行券は現実に流通せずに保有されることになり、流通量とはなりえないであろう。したがって、中央銀行は流通界の必要に対応しない、流通に入らない不換銀行券を供給することが可能になるとはいえ、それを流通させることはできない。第三は中央銀行の国債の引受けによって発行された不換銀行券であり、それは流通界の必要に基づくものではなく、財政支出の必要によるものであり、国家の財政支出によって流通界に入り、流通することになる。かくて、この不換銀行券の流通量は外生変数であり、国債の償還が滞ってくるならば、この不換銀行券は中央銀行に還流してこなくなる。

しかし、流通の必要に対応して伸縮しない外生変数とみなされる不換銀行券量が供給されたとしても、流通必要貨幣量を越えないかぎり、その供給量は、流通界の必要によって発行され、流通界で不要になると還流することによって伸縮する不換銀行券数量との調節を通じて流通必要貨幣量に

内包されることになり、流通必要貨幣量を越えるならば、価格標準の切り下げによって流通必要量に吸収されることになる。いずれにせよ、流通必要貨幣量に内包され、流通必要貨幣量を構成することになるのであるから、結果的には貨幣の流通量は流通必要貨幣量に落ち着くのである。

最後に、(兌換)銀行券と不換銀行券との違いについて付言しておこう。銀行券は二つの還流ルート、すなわち債権債務の相殺を通じて流通し、還流してくるルートと金兌換を通じて還流してくるルートとである。前者のルートはそのまま受け継がれ、国家によって後者のルートを閉ざされ、そして国家紙幣の強制通用力を付け加えられたのが不換銀行券であるといえよう。したがって、不換銀行券は債権債務の相殺を通じて流通し、還流してくる信用貨幣の性質をもっていると同時に、また強制通用力という国家紙幣の性質をももっている貨幣であるということになる。

注

(1) 麓健一『貨幣論』有斐閣、昭和41年、100ページ。
(2) 高木幸二郎『貨幣—その理論と歴史』有信堂、昭和43年、74-75ページ。
(3) 麓健一、上掲書、203-204ページ。
(4) K.Marx, Das Kapital, I, Dietz Verlag Berlin, 1953, S.139. 向坂逸郎訳『マルクス　資本論』(一)、岩波文庫、2003、234ページ。
(5) K.Marx, Zur Kritik der Politischen Ökonomie, Verlagsgenossenschaft Ausländischer Arbeiter in der UdSSR, 1934, S.99. 向坂逸郎訳、「マルクス　経済学批判」大内兵衛・向坂逸郎監訳『マルクス・エンゲルス選集7』新潮社、昭和40年、126ページ。岡橋保『貨幣論』春秋社、昭和32年、92ページ。
(6) K.Marx, a.a.O., SS.100-101. 向坂逸郎、上掲訳書、127ページ。
(7) K.Marx, Das Kapital, S.131. 向坂逸郎、上掲訳書、(一)、220ページ。
(8) 麓健一、上掲書、105-106ページ。
(9) 高木幸二郎、上掲書、80ページ。
(10) K.Marx, Zur Kritik der Politischen Ökonomie, S.104-105. 向坂逸郎、上掲訳書、130ページ。

(11) 岡橋保「第二章　通貨制度と通貨の構成」『金融財政講座1、資金循環と金融・財政』有斐閣、昭和39年、75-77ページ。
(12) 高木幸二郎、上掲書、81ページ。
(13) K.Marx, Das Kapital, Ⅰ, S.134. 向坂逸郎、上掲訳書、225-226ページ。岡橋保『貨幣論』春秋社、昭和32年、96ページ。
(14) 麓健一、上掲書、105ページ。
(15) 高木幸二郎、上掲書、84-85ページ。
(16) K.Marx, a.a.O., S.133. 向坂逸郎、上掲訳書、223ページ。
(17) K.Marx, Zur Kritik der Politischen Ökonomie, SS.111-112. 向坂逸郎、上掲訳書、136-137ページ。
(18) この節およびつぎの節において銀行とだけいっているのは発券銀行のことである。
(19) 麓健一、上掲書、166ページ。
(20) 岡橋保『信用貨幣の研究』春秋社、昭和44年、262ページ。
(21) 飯田繁『兌換銀行券と不換銀行券』千倉書房、昭和38年、38ページ。
(22) 岡橋保『貨幣論』121ページ。
(23) 川合一郎『資本と信用』有斐閣、昭和29年、80-81ページ。
(24) 岡橋保、上掲書、56ページ。
(25) H.Denis, La Monnaie, Éditons socials, 1951, p.73.
(26) R.Sédillot, Le Franc, Recueil Sirey, 1953, p.199.
(27) 岡橋保、上掲書、64ページ。
(28) 川合一郎「不換銀行券の伸縮について」大阪市立大学　経済学雑誌、第36巻　第4号、52-60ページ。
(29) この節における銀行は預金銀行のことを示している。
(30) 高木暢哉『銀行信用論』春秋社、昭和27年、3ページ。
(31) 預金貨幣が形成される二つの場合における相異については、麓健一、上掲書、196ページを参照されたい。

第3章　退蔵貨幣と貨幣ストック

はじめに

　マルクスは、流通手段および支払手段の機能を果たす貨幣を流通貨幣として把握し、流通の外に出て価値保蔵の機能を果たす貨幣を退蔵貨幣として把握している。この両者は相互に転換可能であり、流通貨幣から退蔵貨幣へ、また退蔵貨幣から流通貨幣へ転換され、流通に必要な貨幣量が流通することになる。したがって、マルクスにおいては、流通貨幣量がフローでとらえた貨幣量であり、退蔵貨幣量がストックでとらえた貨幣量に相当すると見ることができよう。そして、物価や経済活動と関わりをもつのは流通手段としての貨幣量である。これに対して、フリードマンは、銀行の保有する貨幣ストックを除き、公衆の段階で保有される貨幣ストックを貨幣量としてとらえ、この貨幣量を物価や経済活動と関わらせている。フリードマンの貨幣ストックという貨幣量は、マルクスの貨幣量の把握方法と対照させるならば、退蔵貨幣量に相当するのであろうか。

　また、貨幣量と物価および経済活動との規定関係については、マルクスは物価や経済活動が流通する貨幣量を規定すると考えたが、フリードマンは公衆の保有する貨幣ストックが物価や経済活動に影響を及ぼしていくと考えている。この全く相反する思考はどんな思考方法の違いから生じてくるのであろうか。

　これらの問題を考えていくために、マルクスの退蔵貨幣について、単純な商品流通および資本の流通との関連において説明し、それとの関係において流通貨幣についても若干言及し、さらにフリードマンの貨幣ストックについて述べ、それらの説明に基づいて両者の比較をしてみることにしよ

う。

1．単純な商品流通と退蔵貨幣

　流通手段としての貨幣はたえず流通界に留まって商品の流通を媒介し、二つの相対立する商品の変態、W—G、G—Wが繰り返される過程のなかで機能しているのであるが、この二つの変態が中断するならば、すなわち商品の販売が商品の購買によって補完されなくなるならば、貨幣は運動を中止して静止状態になり、流通の外に出て保蔵されることになる。商品流通が行なわれるようになると、商品から貨幣に転化されて、そのまま保蔵される必然性と保蔵しようとする情熱が生じてくるのであり、それゆえに、商品を買うために商品を売るのではなく、商品形態を貨幣形態に換えるために商品が販売されるようになる。かくて、貨幣は社会の物質代謝を媒介する役割を果たすのではなく、商品形態から貨幣形態への転換自体が自己目的になる。もはや貨幣は流通手段として機能する形態から退蔵目的の形態に転化する。この価値保蔵の役割を果たす貨幣形態が退蔵貨幣であり、商品の販売者は貨幣の退蔵者になる(1)のである。

　商品の流通が始まった初期段階においては、剰余生産物だけが商品として交換に出され、剰余の存在にもっとも適した形態である金銀に変えられた。かくて、金銀が剰余、ないし富の社会的な最初の形態となった。このような退蔵貨幣はきわめて幼稚な形態であったが、商品生産が発展するにしたがって、各商品生産者がある一商品の生産に特化するようになると、自己の欲望を充足させるためには他人の生産した商品を購入しなければならないのに、かれの商品の生産には時間を要し、また、その販売は偶然的条件に左右される。そこで、かれは、売ることなしに買うことができるためには、買うことなしに売っておかなければならない。しかし、買うことなしに売ることができるためには、売ることなしに買うことのできる生産者がいなければならない。それは産金業者と商品生産者との交換である。

第3章　退蔵貨幣と貨幣ストック

　その後に行なわれる購買なき販売は金を商品生産者たちに配分していき、流通に関わる商品生産者の手許に退蔵貨幣を形成させていく。かくて、各生産者のもとには種々の程度の貨幣が退蔵されることになり、さらに貨幣を蓄える欲望も生じてくるようになる。このように、商品流通が発展し拡大するにつれて、絶対的に社会的な富の形態としての貨幣がますますその威力を発揮するようになる(2)。

　貨幣商品金は一般的等価物であり、すべての商品と交換可能であり、あらゆる欲望を充足させることができる。したがって、貨幣を蓄えようとする衝動は留まるところを知らない。貨幣はあらゆる商品と交換されるので質的には無制限であるけれども、現実の貨幣は購入できる商品量に限りがあるので量的には制限がある。貨幣の質的無制限と量的制限との間には矛盾があり、この矛盾を打開するために、貨幣退蔵者は蓄える貨幣量をたえず増大させようとする。退蔵貨幣を増大させるためには、できるだけ多くの商品を流通に出し、流通からはできるだけ少ない商品を取上げることである。すなわち、多くの商品を生産して販売し、より少なく商品を購入することである。したがって、貨幣の退蔵にとっては、勤勉が積極的な手段であり、節約が消極的手段となる(3)。

　金は退蔵貨幣という形態で保蔵されるとともに、美的形態に加工され、美術品・装飾品としても保有される。この保有形態は富の増加するにつれて増大するし、また、貴金属市場が拡大するにつれて、貨幣機能を果たす金とは独立して保有されるようになる。これらの美術品・装飾品は鋳潰して金にすることができるので貨幣の潜在的な供給源となる。主として平和時には金は美的形態の工芸品に加工されて、その保有が増加し、社会の混乱時にはそれらの物品は鋳潰され、流通に入っていく。したがって、美術品・装飾品は潜在的な貨幣の役割を担っている(4)といえる。

　金属が貨幣として流通する経済機構においては、退蔵貨幣はいろいろな機能を果たすことになるが、そのなかでもっとも身近な機能としては、金貨および銀貨の流通条件、すなわち流通手段としての貨幣機能との関係に

おいて生ずる。商品流通においては、商品の取引量、価格および貨幣の流通速度はたえず変動するので、それらの変動に応じて現実に流通する貨幣量は増加したり、減少したりしなければならない。この流通貨幣量の増減を可能にするのが退蔵貨幣なのである。分散している貨幣退蔵者でもある商品生産者は流通界で貨幣を必要としている場合には退蔵貨幣を流通に出し、流通界で貨幣が不用になった場合には流通から引上げて退蔵貨幣として保蔵する。たとえば、価格が上昇した場合には、商品を購入する際により多くの貨幣が必要となるので、退蔵貨幣から引出して貨幣を流通に入れ、価格が下落した場合には、商品の購入に際してより少ない貨幣で足りるので、流通で余分になった貨幣を流通から引上げて退蔵貨幣として保有する。このような商品生産者の売買行動によって必要な流通貨幣量の調整が行なわれるのである。したがって、現存の貨幣総量と流通する貨幣量との比率はたえず変化することになる。この退蔵貨幣の貯水池があることによって、流通の水路には必要に応じて貨幣が流入したり、流出したりすることが可能になり、貨幣がこの水路で溢れることがないのである。[5]

2. 資本の流通と退蔵貨幣

資本主義的生産が行なわれるようになると、資本の循環過程との関わりのなかで流通手段としての貨幣が流通し、また退蔵貨幣も形成されてくる。資本の循環運動G—W…P…G'—W'のなかでG—WとG'—W'とは流通過程における貨幣の商品への転化および商品の貨幣への転化であり、商品の購買および商品の販売にすぎない。したがって、ここでは貨幣資本が流通手段および支払手段として貨幣機能を果たすのであるが、流通過程から引上げられた退蔵貨幣は資本の循環過程においては貨幣資本として機能する貨幣形態であり、かくて潜在的貨幣資本である。貨幣資本が生産資本に転化される場合、すなわちG—Wにおいて貨幣が生産手段と労働力に転換される場合、その転換は生産の初めに一度にすべて行なわれるわけではない。

生産手段は必要に応じて順次期間を異にして購入され、また賃金は期間を区切って順次支払われる。かくて、貨幣資本の一部はただちに生産手段の購入および賃金の支払に充てられるけれども、他の部分は貨幣形態のまま保有され、生産過程の進行にしたがって特定のある時期に購入されることになる。したがって、貨幣形態で保有されている部分は購買および支払基金として保有される退蔵貨幣である。また他面では、生産された商品が実現されて貨幣に転化された投下資本部分が流通から引上げられて貨幣形態のまま保有されているとすれば、それは資本の再投下されるまで退蔵貨幣である(6)といえよう。

　不変資本のうち機械、設備、装置等に投下された資本は長期間にわたって使用され、年々償却されていく。固定資本の償却部分に等しい価値部分は生産される商品に移転し、商品の販売によって回収された貨幣が積立てられていき、固定資本が償却し終わった段階で更新されることになる。したがって、固定資本が投下されて更新されるまでの間、償却されて回収された価値部分は貨幣形態で保蔵されるので退蔵貨幣が形成される(7)。

　商品の生産に使用される原料および補助材料は、生産が連続的に行なわれていくためには、たえず現物で補塡されていく必要がある。その原料および補助材料に関しては、ある時期にかなり大量に仕入れて在庫しておく場合がある。そうすると、その在庫のある期間にわたって原料および補助材料を購入する必要がないので、商品販売によって回収されたこの貨幣部分は保蔵されるので退蔵貨幣となる(8)のである。

　剰余価値のうち消費されずに蓄積される部分については、既存の資本に付け加えてすぐ投下できるわけではない。これを事業の拡張に使用するためにも、また別の事業に投下するにしても、一定の貨幣額に達していなければならない。けだし、それぞれの事業で使用されるすべての生産手段は、相互に質的な関係があるばかりでなく、相互に量的な関係をもっているので、事業に投資するためには、この関係を十分に満たす貨幣額でなければならない。かくて、この一定の貨幣額に達するまで蓄積された剰余価値が

貨幣形態で積立てられていくので退蔵貨幣の形成となる。⁽⁹⁾

　信用制度が形成発展するにつれて、この退蔵貨幣は銀行に集中され、準備金を構成することになり、金貨は流通から次第に引上げられていき、その空隙を信用貨幣が代わって流通するようになる。発券銀行が設立されると、これまで貨幣を退蔵する個々の商品生産者の担っていた役割は発券銀行が代わって行なうことになる。銀行券に関しては、発券銀行は、流通で必要な貨幣量が増加した場合には、銀行券を発行して貸付によって流通に出し、流通で必要な貨幣量が減少した場合には、不用になった銀行券を返済によって還流させる。また、金貨に関しては、流通で必要な貨幣量が増加した場合には、金貨が鋳造されるか、銀行券の兌換によって流通に入り、流通に必要な貨幣量が減少した場合には、金貨がそのまま退蔵されるか、金貨が鋳潰されることによって流通から引上げられる。

　さらに、信用制度が発展し、発券銀行と預金銀行に分化してくるならば、発券銀行が担っていた役割を預金銀行が果たすことになる。退蔵貨幣としての金は発券銀行に集中され、銀行券発行の準備金となり、国内では金貨が流通から次第に姿を消し、預金銀行はその銀行券を準備として預金通貨を創造する。そして、再生産過程から形成されてくる退蔵貨幣も預金の形態で保蔵されることになる。預金銀行は、預金通貨に関しては、流通で必要な貨幣量が増加する場合には、貸付によって預金通貨を創設して流通させ、流通で必要な貨幣量が減少した場合には、返済によって預金通貨を消滅させる。銀行券に関しては、流通で必要な貨幣量が増加する場合には、預金から銀行券を引き出して流通させ、流通で必要な貨幣量が減少する場合には、銀行券を流通から引上げて預金に預け入れるのである。

　かくて、現実に流通する貨幣は銀行券、預金通貨および補助貨幣となり、それらの貨幣が流通界における必要な貨幣量の増減に対応して流通に入ったり、流通から出たりしているにすぎないのである。いわゆる信用創造論は、銀行が信用創造によって新たな通貨を創造し、準備金の数倍の通貨を流通させることを説明しているが、それは再生産の拡大によって流通に必

要な貨幣量が増加していく場合に、銀行が貸付によって預金通貨を創造して流通させ、増加した流通必要貨幣量に対応して通貨を流通界に流入させていく過程の一つのパターンを表現したものにすぎないのである。準備金となる銀行券および中央銀行預金に基づいて数倍の預金通貨を創造することは可能になるであろうが、銀行は、流通で必要な貨幣量を流通させることができるけれども、流通で必要な貨幣量を超えて通貨を流通させることはできないのである。

3．フリードマンの貨幣ストック

　フリードマンの貨幣ストックを説明するために、つぎのような貨幣制度のもとで考えることにしよう。金はすべて対外的国内的準備金として中央銀行に集中されており、国内では金貨は流通せず、中央銀行は金準備に基づいて銀行券を発行し、商業銀行に対して預金口座を設定している。そして、商業銀行は銀行券と中央銀行預金を準備として公衆に対して貸付および返済によって預金通貨を増減させ、公衆の預金の引き出しおよび預け入れによって商業銀行の保有する銀行券が増減するとしよう。このような貨幣構造のもとでは、公衆の保有する貨幣ストックは預金および通貨（銀行券と補助貨幣）の合計となろう。

　この貨幣ストックは近似的に三つの要因によって決まってくることになる。すなわち、その三つの要因とは高権貨幣（ハイパワードマネー）量、預金・準備金比率および預金・通貨比率である。

　高権貨幣は中央銀行の金準備、銀行の金庫室にある現金および中央銀行の商業銀行預金、公衆の保有する通貨からなり、銀行の金庫室にある現金と中央銀行の商業銀行預金が銀行の準備金に相当する。これらの貨幣が高権貨幣といわれるのは、中央銀行の金準備１ドルに基づいて数ドルの銀行券を発行することができるし、また銀行の保有する準備金１ドルは数ドルの預金を創造することができるからである。上述の貨幣制度のもとでは、

高権貨幣の量は、現存する金準備の量によって決まり、金の輸出入に基づく金準備の変動によって増減することになる。⁽¹⁰⁾

　預金・準備金比率は高ければ高いほど、保有準備金に対して預金残高がより多いことになる。その比率は、各銀行が協定して一致した行動をとることによってではなく、それぞれの銀行が独自に行動した結果を総合して、全体としての銀行制度によって決まってくることになる。各銀行は預金・準備金比率を考慮して行動するよりは、準備金および預金の絶対額を考慮して行動しているのかもしれないし、また、いずれかの一銀行は保有する総資産から決まってくる限度内で準備金を望ましい量にすることができる。したがって、各銀行の状況は全体としての銀行制度の状況とは全く異なるのである。全銀行で利用可能な総準備金の最高限度は銀行と公衆によって利用可能になる高権貨幣量であるから、銀行の獲得できる分け前は銀行自体の行動によるだけでなく、公衆による預金と通貨との二者択一的な保有の意向にもよることになる。銀行制度は全体としてどんな預金・準備金比率に決めることもできるので、政府と公衆がどんな行動をするかにかかわらず、銀行制度は、その構成銀行が暗黙に、あるいは明白に目標にするどの比率でも達成可能である。預金・準備金比率の必要要件は法によって決められているので、銀行が維持しようとするこの比率の水準は政府と関連をもつし、また、その水準は公衆が預金に預け入れるか、あるいは預金を引き出すか、すなわち預金・通貨比率を変更する欲求の見通しについての銀行の期待にかかわるので、公衆とも関連をもつことになる。それに加えて、望ましい預金・準備金比率は資産の二者択一的使用の収益性にも関連をもつであろう。⁽¹¹⁾

　預金・通貨比率に関しては、この比率が高ければ高いほど、高権貨幣のより大きな部分が銀行の準備金に充当可能になるので、他の二つの要因が与えられているならば、貨幣ストックはよりいっそう大きくなりうる。預金・通貨比率は個々人がそれぞれ別々に経済行動をとり、その結合された結果、全体としての公衆によって決められることになる。個々人はそれぞ

れに保有する預金および通貨の絶対額を決めることができるが、公衆は全体としてこれら貨幣の絶対額を決めることはできない。それらの絶対額は銀行が準備金に基づいてどれだけの預金を創造するかにかかっているし、また利用可能な高権貨幣量にもよるからである。公衆が決定できることは預金・通貨比率だけであり、公衆がこの比率を維持しようと欲する水準は政府による通貨の発行および預金の創造に関する法的規制、ならびに銀行によって与えられるサービスの形態と利子にかかわりをもっている。なお、この比率の変化は預金・準備金比率に影響を及ぼし、その比率の大きさを変化させる関係にある(12)。

　二つの比率は共同で同時的に決定される。これらの分母である準備金と通貨とを合計すると高権貨幣の量になり、この量を銀行と公衆とで分け合うからである。銀行は貸付可能である、あるいは投資物件を獲得できる条件、それらの取引コストおよび当面する競争条件によって、預金を集めるためにある利子率やサービスを提供するだろう。これに対して、公衆はある預金・通貨比率を決めることになるであろう。この比率が銀行に保有しようと欲するよりもより少ない高権貨幣しか残さないならば、銀行は準備金を獲得しようと企てるであろう。銀行は資産を処分して総預金を減少させ、与えられた預金・通貨比率のもとで公衆により少ない通貨を保有させるようにするであろう。これとは反対に、この比率が銀行に保有しようと欲するよりもより多くの準備金を残すならば、銀行は余分な準備金で資産を獲得して総預金を増加させ、公衆により多くの預金を保有させるようにするだろう。かくて、均衡状態にある場合には、銀行の保有する預金量と準備金量とは、預金1ドルの限界費用が非準備金資産の1ドル、あるいは準備金1ドルからの限界収益に等しくなるであろう。勿論、費用および収益には直接的なものだけでなく、間接的なものも入ることになる(13)。

　かくて、公衆の保有する貨幣ストックは次のように定式化することができる(14)。

H：総高権貨幣　　　D：商業銀行の預金
R：商業銀行の準備金　C：公衆によって保有される通貨
M：貨幣ストック　　　D/R：預金・準備金比率
D/C：預金・通貨比率

$$M=C+D \qquad H=C+R$$
$$M/H=(C+D)/(C+R) \quad Cで割ると、$$
$$M/H=(1+D/C)/(1+R/C) \quad D/Rを掛けると、$$
$$=\{D/R(1+D/C)\}/(D/R+D/C)$$
$$M=H\cdot\{D/R(1+D/C)\}/(D/R+D/C)$$

4．退蔵貨幣と貨幣ストック

　マルクスによれば、単純な貨幣流通のもとではあるが、社会に現存する貨幣総量は流通する貨幣量（流通のための準備金を含む）と遊休状態にある退蔵貨幣量から構成されており、両者は相互転換が可能であり、貨幣総量に占める両貨幣量の割合はたえず変動しているのであった[15]。すなわち、流通貨幣量と退蔵貨幣量とに分割されて貨幣総量が把握されている。それに対して、フリードマンにおいては、貨幣総量を保有者別に、すなわち、貨幣当局、銀行および公衆に分け、公衆の保有する貨幣量を貨幣ストックとして把握している。信用制度を考慮に入れて、フリードマンの貨幣ストックがマルクスのどの貨幣量に相当するかを見極めることは、両者における貨幣量の把握方法が異なっているので、きわめて難しい問題であるが、一応対応させて見ることにしよう。
　上述の貨幣制度のもとでは、フリードマンが現実に貨幣ストックとしてとらえているのは公衆の保有する商業銀行の預金残高と通貨であり、預金のなかには当座預金だけでなく定期預金も含まれ、通貨には銀行券と補助貨幣が含まれると考えるならば、かれの貨幣ストックのなかには公衆の保有するすべての貨幣が入ることになり、現存する貨幣総量から中央銀行の

金準備および商業銀行の準備金を除外した貨幣量となり、公衆の段階におけるすべての貨幣量が入り、流通貨幣量（流通のための準備金を含む）と退蔵貨幣量とが入っているように思われる。けだし、資本の循環過程から生じてくる退蔵貨幣はまず商業銀行の預金の形態で預けられるからである。

　しかしまた、貨幣の機能に関して、フリードマンが交換手段としてではなく、富、ないし資産として把握し、貨幣を資産のなかの一項目として債券、持ち分権、住宅、耐久消費財およびその他資産と同類のものとみなしていること(16)を考えるならば、貨幣ストックはフローである流通貨幣を除外して、もっぱらストックとしての退蔵貨幣のみ考えているようにも見える。とくに、彼の叙述において、保有する貨幣量が増加するならば、資産構成のバランスが崩れるのでそれを均衡化するために貨幣から他の資産に配分替えされ、資産の再調整が行なわれ、まず有価証券に替えられると述べている(17)場合には、マルクスにおける再生産過程で生産された剰余価値から蓄積されてくる部分が貨幣形態で保有される潜在的貨幣資本としての退蔵貨幣に類似しているようにも思われる。マルクスはこの潜在的貨幣資本が貨幣形態で保有されるだけでなく、銀行預金、国債証券および株式の形態でも保有されることを指摘している(18)。この潜在的貨幣資本は相当の期間にわたって投資されないので、収益性の観点から考えて、貨幣の形態よりも有利な有価証券の形態で保有することも考えられるからである。資産と資本とは概念上の違いがあり、重なり合う部分と重なり合わない部分があるにしても、かなりの部分が重なりあっていると考えられるのではなかろうか。

　マルクスにおいては、価値を産まない流通過程で価値をもった金が鋳貨として流通することは社会的な空費であり、この社会的空費を除去するために信用制度が生成発展し、信用貨幣が鋳貨に代わって流通するようになってきた。まず商業手形が流通し、債権債務の相殺によって決済が貨幣の流通なしに完了することから始まり、発券銀行が形成されてくると、退蔵貨幣としての金貨は銀行のもとに集中され、それを基礎にして銀行券が発

行されて金貨に変わって流通するようになり、銀行の分化によって預金銀行が形成されてくると、銀行券を準備として預金通貨が現れ、銀行券に代わって流通するようになる。このように、金が順次棚上げされて代用貨幣の重層的構造が出来上がってきている。つまり、基底には再生産過程があるという前提にたって、金貨が現実に流通する段階から、その金貨が準備金となって金貨に代わり銀行券が流通する段階、さらにその銀行券を準備金とし銀行券に代わって預金通貨の流通する段階というように展開されてきた。すなわち、基底に再生産過程を置き、その上に商業手形、預金通貨、銀行券および金を置いたピラミッド形の重層的貨幣構造に出来上がってきているのである。

それに対して、フリードマンの場合には、すでに述べたように、高権貨幣、預金・準備金比率および預金・通貨比率から貨幣ストックを説明し、貨幣ストックが物価や経済活動に影響を与えていくことになっていた。これらの三つの要因にかかわりをもつのは、高権貨幣が中央銀行であり、預金・準備金比率が商業銀行になり、そして預金・通貨比率が公衆であった。そうすると、影響を与えていく方向は中央銀行→商業銀行→公衆→物価および経済活動ということになる。これを貨幣に置き換えて考えるならば、一般的にいわれているように、金が準備となって銀行券が発行され、中央銀行預金が形成され、それらが準備金となって商業銀行預金が形成される。そして、預金と通貨（銀行券と補助貨幣）との保有が公衆によって選択されて貨幣ストックが決まり、それが物価および経済活動に影響を与えていくことになる。これを貨幣構造として重層的にとらえるならば、金を基底に置き、その上に順次銀行券および中央銀行預金、商業銀行預金となり、公衆の保有する通貨および預金が積み上がっていく構成になっている。それは逆ピラミッドの形をした構成である。[19]

上述のように、信用制度および貨幣の重層的構造の形成に関してマルクスとフリードマンの考え方がまったく逆になっているように思われる。そのことが、マルクスにおいては、基底にある再生産の拡大と縮小、商品取

引の増加と減少によって流通に必要な貨幣量が決まってくるから、その貨幣量を満たすために、商業銀行における貸付・返済によって預金通貨の流通量が増減し、預金の引き出し・預け入れによって銀行券の流通量が増減するし、また、商業銀行が必要な場合には、中央銀行に対する借入れと返済によって準備金を増減させることになる。かくて、銀行券の流通は中央銀行の意思から独立しており、また兌換を保証する金保有高からも独立しているのであり、そのことは預金通貨の流通についても同様であると考えるべきであろう。それに対して、フリードマンにおいては、金を基底にして信用貨幣である銀行券、預金通貨が積み上げられ、その上に物価や経済活動が置かれているという考え方にたっており、逆ピラミッド形であるから、数量的にみるならば、金よりはより多くの銀行券が、銀行券よりはより多くの預金通貨が積み重なっていくので、金を基礎にして銀行券、預金通貨が創造されていくという思考になる。したがって、高権貨幣の増減が、二つの預金比率が変わらなければ、貨幣ストックの比例的増減を引き起こすことになる。中央銀行は高権貨幣を増減させて貨幣ストックの増減をコントロールすることが可能になる。そして、貨幣ストックの増減が経済活動の拡大縮小をもたらすのである。しかしながら、預金・準備金率および預金・通貨率が相殺要因として作用するならば、高権貨幣の増減が必ずしも公衆の保有する貨幣ストックの増減とはならず、経済活動の拡大縮小につながらないことも起こりうるのではなかろうか。

　さらに、フリードマンの貨幣ストックとして保有される貨幣が、その機能から見てマルクスの退蔵貨幣のようにもみえるので、そのように想定するならば、退蔵貨幣量と流通貨幣量との関係が全く逆になっているように思われる。マルクスにおいては、経済活動が活発になり、商品取引量が増加し、物価も上昇するならば、流通に必要な貨幣量が増加し、退蔵貨幣が流通の必要に応じて流通界に入ってくる。したがって、まず流通貨幣量が決まり、それに対応して退蔵貨幣量が変動することになる。しかし、フリードマンにおいては、貨幣供給量が増加し、退蔵貨幣量が増加して所望さ

れる貨幣量よりも多くなれば、貨幣が支出されて流通貨幣量が増加し、経済活動が活発になり、商品取引量が増加し、物価が上昇する。かくて、まず退蔵貨幣量が決まり、それに対応して流通貨幣量が変動することになる。

おわりに

　これまでマルクスの退蔵貨幣―それとの関連において流通貨幣―について説明し、さらに、フリードマンの貨幣ストックを述べて、両者を比較してフリードマンの貨幣ストックがマルクスのどの範囲の貨幣に相当するのだろうかを考えてきた。フリードマンが、中央銀行および商業銀行を除外して、公衆の段階で保有される貨幣を貨幣ストックとしているとすれば、その場合には、公衆の保有するすべての預金残高と通貨が入るので、公衆の段階においてとらえられたすべての貨幣が含まれ、その段階におけるマルクスの退蔵貨幣も流通貨幣もすべて入ることになる。しかし、フリードマンが貨幣の機能を富、ないし資産として把握している観点から見るならば、その場合には、貨幣ストックは公衆の段階におけるマルクスの退蔵貨幣のみを考えているようにも見える。したがって、実際に貨幣ストックの量としてとらえられる場合と貨幣の機能上からとらえられる場合とでは相違があるように思われる。

　信用制度の発展によって形成されてくる貨幣構造についてみると、マルクスにおいては、基底には商品流通、再生産過程があり、金貨に代わって銀行券や預金通貨が流通するようになり、金が棚上げされて商業手形、預金通貨、銀行券および金が積み上げられたピラミッド型に形成されてきている。基底にある商品流通から流通に必要な貨幣量が決まってきて、それに対応して受動的に代用貨幣である預金通貨および銀行券が流通に導入され、また流通から引上げられるのである。それに対して、フリードマンにおいては、中央銀行の金準備に基づいて銀行券が発行され、その銀行券と中央銀行預金が準備となって商業銀行の預金通貨が創造されるという関係

第3章　退蔵貨幣と貨幣ストック

になるので、金を基底にして、その上に銀行券、預金通貨、そして最上段に実体経済としての経済活動が載る逆ピラミッド型に形成される。金から銀行券、預金通貨が能動的に創造されて貨幣ストックが決められ、その増減が経済活動に影響を及ぼしていくことになる。したがって、両者の思考の仕方が全く逆になっている。

かくて、マルクスにおいては、流通に必要な貨幣量は中央銀行の意向から独立しているし、また中央銀行の金準備からも独立しているのであり、したがって、中央銀行は流通に必要な貨幣量をコントロールし、それを増減させることができない。これに反して、フリードマンにおいては、影響を与えていく伝達経路が金から銀行券へ、銀行券から預金通貨へであるから、金準備および預金準備率からの制約をうけるにしても、中央銀行は貨幣ストックをコントロールし、それを増減させることが可能になると考えるのであろう。

注

（1）K.Marx, Das Kapital, Ⅰ, 1953, SS.135-136. 向坂逸郎訳『資本論』（四）、岩波文庫、2001、227-228ページ。

（2）K.Marx, a.a.O., SS.136-137. 向坂逸郎、上掲訳書、229-230ページ。

（3）K.Marx, a.a.O., SS.138-139. 向坂逸郎、上掲訳書、232-233ページ。K.Marx, Zur Kritik der Politischen Ökonomie, Verlagsgenossenschaft Ausländischer Arbeiter in der UdSSR, 1934, S.121. 向坂逸郎訳「経済学批判」大内兵衛・向坂逸郎監修『マルクス・エンゲルス選集7』新潮社、昭和34年、143ページ。

（4）K.Marx, Das Kapital, Ⅰ, S.139. 向坂逸郎、上掲訳書、273-274ページ。K.Marx, Zur kritik der Politischen Ökonomie, S.128. 向坂逸郎、上掲訳書、149ページ。

（5）K.Marx, Das Kapital, Ⅰ, SS.139-40. 向坂逸郎、上掲訳書、233-234ページ。K.Marx, Zur kritik der Politischen Ökonomie, SS.139-140. 向坂逸郎、上掲訳書、150ページ。

（6）K.Marx, Das Kapital, Ⅱ, SS,72-73. 向坂逸郎訳『資本論』（四）、2001、

113-114ページ。
（7） K.Marx, a.a.O., S.455. 向坂逸郎訳『資本論』（五）、2001、164-165ページ。
（8） K.Marx, a.a.O., S.454. 向坂逸郎、上掲訳書、163-164ページ。
（9） K.Marx, a.a.O., SS.78-79. 向坂逸郎訳『資本論』（四）、122ページ。
（10） M.Friedman and A.J.Schwartz, Monetary History of the United States 1867-1960, Princeton University Press, 1936, p.50.
（11） M.Friedman and A.J.Schwartz, op.cit., p.50 and pp.51-52.
（12） M.Friedman and A.J.Schwartz, op.cit., p.51 and pp.52-53.
（13） M.Friedman and A.J.Schwartz, op.cit., p.53.
（14） M.Friedman and A.J.Schwartz, op.cit., p.51.
（15） K.Marx, Das Kapital, II, S.177. 向坂逸郎、上掲訳書、267ページ。
（16） M.Friedman, The Optimum Quantity of Money and other Essays, Aldine Publishing Company, 1969, p.16 and p.137.
（17） M.Friedman, op.cit., p.231.
（18） K.Marx, a.a.O., SS.349-350. 向坂逸郎、上掲訳書、521ページ。
（19） F.v.Hayek, Prices and Production, Routledge & Kegan Paul, 1935, pp.115-116. 谷口洋志他訳「価格と生産」『ハイエク全集Ⅰ』春秋社、1988、215ページ。
（20） K.Marx, Das Kapital, Ⅲ, S.571. 向坂逸郎訳『資本論』（七）、2002、315ページ。

第4章　インフレーションと貨幣供給

はじめに

　金と通貨との交換が制限され、そして停止されたことによって、両者の関係が希薄になり、不確定になった結果として、貨幣における価格の度量標準という機能がほとんど見失われてしまい、物価論においては、物価の騰貴がインフレーションであり、物価の下落がデフレーションであるという認識になってきた。つまり、物価の騰落がすべてインフレーションとデフレーションとになってしまい、物価の騰落における質的な相異は見失われた感がある。インフレーションおよびデフレーションにおいても景気循環の好況および不況過程においても同様に物価の全般的な騰落が生じるのであるが、両者における物価の騰落は質的に異なっているのであり、また発生の原因も異なっているとみなければならない。

　物価は種々の商品およびサービスの価格を平均した計算値であり、したがって、商品およびサービスの価格がすべて不変であっても、その選択の仕方や平均の方法を変えるならば、当然に物価の数値も変わってくるものである。それはさておき、物価の計算の基礎になるのは諸商品・サービスの価格なのであるから、もし物価に変化が生じたとすれば、諸商品・サービスの価格に変化があったからである。もっとも、諸商品・サービスの価格が変動しても、その価格の変動が相互に相殺しあって物価の変動が生じない場合はありうるであろう。諸商品・サービスの価格が変動し、その結果として物価が変わってくるのであれば、物価の変動を考慮するにあたっては、まず、その基礎になる諸商品・サービスの価格がどのように決まってくるのかを明確にしておく必要がある。

市場において取引される商品およびサービスの価格に関していえば、市場という場面に則して現象的にとらえるならば、商品およびサービスの価格の変化はその需要と供給との関係によって決まってくる。もっとも、需要と供給とが完全に一致した場合における価格の水準は、需要と供給からは説明することはできない。しかし、インフレーションによる価格の騰貴も好況過程における価格の騰貴も、またその他の原因による価格の騰貴も、市場における価格現象としてみるかぎりにおいては、需要と供給の関係を通じて生ずるのである。そうすると、価格を上昇させる供給を上回る需要のなかで、どんな需要がインフレーションと関わりをもつのであろうか。

　つぎに、経済活動のなかで現実に有効な需要として機能するためには、需要に相応する貨幣が保有されていなければならないのであるが、その貨幣量はどんな方法で、またどんなルートを通じて調達されてくるのであろうか。需要がどんな性質のものであるかによって、その需要を実現するために供給されて保有され、そして流通に入る貨幣もそれぞれに調達されてくる方法やルートが異なるに違いない。それぞれの需要に則して貨幣が調達される態様を明らかにし、そのなかで、どの態様がインフレーションと関わりをもつのかを確かめることにしよう。この確認によってインフレーションという物価騰貴のメカニズムを明白にすることができるように思われる。

　さらに、1930年代の日本において高橋財政のもとで実施された財政金融政策に言及しておこう。その政策は日本銀行による国債引受発行と国債売りオペレーションの併用である。当時の深刻な不況の中では国債を市中で消化することはできないという判断に基づき、景気回復に必要な需要創出を財政赤字に求め、その赤字補塡に必要な財政資金を日本銀行の国債引受発行によって調達し、財政支出を通じて資金が潤沢に出回った段階で日本銀行が売りオペレーションを通じて資金を吸収し、流通貨幣量を減少させるという方策であった。つまり、一方において、赤字財政の需要創出効果によって景気を回復させ、他方において、日本銀行の売りオペレーション

によって市中から資金を回収し、流通する貨幣量を減少させ、インフレーションを阻止しようという財政金融政策であった。このような政策は果たして妥当な政策だったのであろうか。

そして最後に、1928年にポアンカレがフランの安定政策を実施していく際に、まず、7月末の国庫の危機的状況を乗り越えなければならなかった。そのために、かれは国債発行に頼らざるを得ないと判断し、フランス銀行総裁モローと会談した時に、政府が発行し、市中消化した国債をフランス銀行で割引くことを要望した。それに対して、モローがその方策はインフレーションになると反対すると、ポアンカレは怒り出し、かれに激しく反論したことがモローの公刊された日記のなかに記載されている。この方策、すなわち国債市中消化と中央銀行の割引、ないし買いオペレーションとを併用する財政金融政策はインフレーションになるのか、ならないのか。この財政金融政策の併用を考えて見よう。

1. 価格の決定要因

労働価値説に基づくならば、商品の価値は、その商品の生産のために必要な社会的平均的な労働時間によって決まってくるのであるが、交換関係のなかでは交換価値として現象する。したがって、商品と貨幣との交換においては、商品の価値はそれと等しい価値の貨幣商品金の一定重量で表現される。商品の価値を金の一定重量で表現したものが商品の価格であり、その価格の表現にあたっては、金の重量単位によるのではなく、金の一定量につけられた貨幣名称、すなわち価格の度量標準によって表現される。以上の説明をより具体的に述べるならば、今かりに、Aという商品1個が10労働時間で生産され、また金1オンスも10労働時間で生産されるとするならば、両者の価値は等しいのであるから、A商品1個の価値は貨幣商品金1オンスで表現されることになる。すなわち、A商品1個＝金1オンスであるが、金が貨幣として使用される場合には、金1オンスが60ドルと呼

称されているとすれば、その価格の度量標準に基づいてA商品1個の価格は60ドルと表現されることになる。

　上述の説明から分かるように、商品の価格は、商品の価値、貨幣商品金の価値および価格の度量標準という三つの要因によって決まってくることになる。以下、それぞれの要因が変化するのに応じて、商品の価格がどのように変化するかをみていくことにしよう。一つの要因を取り扱う場合には他の要因は不変であると仮定する。

　まず、商品の価値が変化する場合についてみていこう。ある商品の生産に必要な労働時間が10時間であったとしよう。いま、その商品が生産条件の改善によって今までの半分の労働時間、すなわち5労働時間で生産されるようになったとすれば、金1オンスが従来どうり10労働時間で生産されるのであるから、その商品は価値が半分に下がり、5労働時間で生産される2分の1オンスの金量に等しくなって、価格が30ドルに下落する。これとは反対に、商品の生産条件が悪化してその生産に必要な労働時間が今までの2倍、20労働時間になったとすれば、商品の価値は2倍になって金2オンスの価値に等しくなり、商品の価格は120ドルになる。したがって、商品の価格はその価値の増減に比例して騰落することになる。

　つぎに、貨幣商品金の価値が変化する場合については、今まで10労働時間で生産されていた金1オンスがその生産条件の改善によって5労働時間で生産されるようになったとしよう。そうすると、金の価値は半分になり、10労働時間では2オンスの金が生産されることになるから、10労働時間で生産される商品は金2オンスに等しくなる。貨幣商品金1オンスの呼称が60ドルであったので、商品の価格は120ドルに上昇する。それとは反対に、金の生産条件が悪化して金1オンスを生産するために20労働時間が必要になったとしよう。商品は10労働時間で生産されるのであるから、商品の価値は金2分の1オンスに等しくなる。かくて、商品の価格は30ドルに下落する。したがって、商品の価格は金の価値の増減に反比例して騰落することになる。

第4章　インフレーションと貨幣供給

　さらに、価格の度量標準が変化する場合についての説明に入ろう。金本位制のもとでは、貨幣法によって価格の度量標準が規定されており、それに基づいて金と貨幣とが現実に交換されていたわけであるから、金と貨幣との交換が制限されていたとしても、価格の度量標準が機能していたことは実感することができた。しかし、現実に金本位制が放棄され、金の廃貨が行なわれたという立場をとるならば、価格の度量標準は機能していないことになろう。この立場にたつならば、商品の価格や貨幣の購買力について論理的に納得のいく説明ができないように思われる。なぜならば、商品の価格が需要と供給によって決まるとすれば、商品は価格を付けられずに流通に入り、そこで価格が付けられるとしても、その価格が60ドルであって30ドルでないことを説明できないからである。また、貨幣の購買力を物価の逆数とする考え方は物価の計算の基礎になっている価格について明確な説明がないかぎり、十全の説明にはなりえないし、さらに、貨幣の購買力を貨幣の購入できる商品・サービス量によるとらえ方は本末転倒の考えであるように思われる。貨幣は価値をもち、購買力をもっているから、一定量の商品・サービスを購入できるのであり、購入された商品・サービスの量によって貨幣の購買力を説明することはできない。そこで、金は依然として観念的には価値尺度および価格の度量標準として機能しているが、価格の度量標準に関していえば、それは明確に規定されておらず、たえず変動にさらされているとしても、それぞれの時点においては確定されて機能していると考えるべきである。

　そこで、価格の度量標準が切下げられて金1オンス60ドルから金1オンス120ドルになったとすれば、商品の価値も金1オンスの価値も変わらないのであるから、商品＝金1オンスという両者の等価関係は不変である。ただ、貨幣として金1オンスの呼び名が60ドルから120ドルへ変わったにすぎない。かくて、商品の価格は60ドルから120ドルへ上昇することになる。これとは反対に、価格の度量標準が切上げられて金1オンス60ドルから金1オンス30ドルになったとすれば、商品と金1オンスの等価関係は不

変であり、貨幣として金1オンスの呼び名が60ドルから30ドルに変わったのであるから、商品の価格は60ドルから30ドルへ下落することになる。したがって、価格の度量標準が切下がると商品の価格は上昇し、価格の度量標準が切上がると商品の価格は下落する。

さて、商品の価値および貨幣商品金の価値における変化に基づく商品価格の変化は、商品および金の価値という実体が変化することから生じるのであるから、実質的な価格変動である。これに反して、価格の度量標準の変化による価格の変動は、たんに貨幣商品金の一定重量につけられた名称が変更されたにすぎないので、この価格変動は名目的である。したがって、両者の価格変動は質的に異なった変動なのである。また、商品の価値変化による価格の変動は、商品側における変化のみから生じ、貨幣側における変化とはまったく無関係であるので、貨幣現象ではない。しかし、貨幣商品金の価値変化および価格の度量標準の変化による価格変動は、商品側には変化がなく、貨幣側における変化のみから生じたのであるから、貨幣現象である。したがって、すべての価格や物価の変動を貨幣現象としてとらえることはできない。

商品の生産条件はその商品によって異なっているので、商品の価値変化に基づく価格の変化は、それぞれの商品によって異なってくるであろう。たとえば、ある商品において生産技術に改善が行なわれたとしても、生産技術の改善がその商品だけに限定される場合には、価格の変化はその商品だけに生じ、他のすべての商品価格は不変のままであろうし、また、それが他の商品に影響を与えるとしても、影響を受ける程度はそれぞれの商品によって異なってくるからである。したがって、影響を受ける程度に応じて商品の価値変化は異なってくる。大きな影響を受ける商品は大きな価格変化を受けるであろうし、小さな影響に留まる商品は小さな価格変化が生ずるであろう。さらに、影響をまったく受けない商品があるとすれば、その商品の価格は不変のままであろう。

それに反して、貨幣側の変化である金の価値変化および価格の度量標準

の変化は、すべての商品の価格に影響を与え、価格の騰落を引き起こすのである。まず、金の価値が変化するならば、商品の価値が不変であるから、それと等価の関係になる金重量が変わり、すべての商品の価格が金重量の増減に応じて騰落することになる。つぎに、価格の度量標準が変化するならば、商品の価値も金の価値も変わらないから、商品と等価の関係になる金重量は不変のままである。しかし、金の重量単位につけられる貨幣名称の数字が変化したのであるから、その変化に応じてすべての商品の価格が上昇、ないし下落する。価格の度量標準を切下げると、商品の価格は全般的に騰貴し、価格の度量標準を切上げると、商品の価格は全般的に下落する。

インフレーションは、たんに物価の騰貴という現象としてとらえるのではなく、貨幣側の変化による物価の騰貴のなかで、価格の度量標準を切下げる、ないし切下げられることに基づく物価の騰貴としてとらえるべきなのである。したがって、インフレーションは貨幣現象であり、物価の名目的な騰貴なのである。

さて、これまで述べてきた価格の決定要因のなかで、価格の度量標準を除き、金の価値および商品の価値は生産過程で決まってくる要因である。価格の度量標準は変動にさらされているとしても、金および商品が生産された時点において考えると、その時点では、価格の度量標準は確定された一定の水準にあるといえよう。そうすると、商品の価格は生産過程で決まってくることになる。商品は生産された段階で価格がつけられて、あるいは想定されたうえで流通に入っていくとみるべきであろう。かくて、商品の価格がその生産とはまったく無関係に市場における需要と供給だけによって決まってくるわけではない。

2．需要供給と価格の変動

生産されて市場に供給された商品はそこで初めて需要と相対峙する。そ

の時に、商品の供給量が需要量とぴたりと一致したとすれば、価格の決定要因によって規定されてくる価格、すなわち生産価格が市場で形成されることになる。しかし、商品の供給量が需要量を上回れば、価格は低下し、その商品の生産が利潤率の低下によって不利になるので、やがて生産が縮小してその供給量が減少し、価格が逆に上昇する。そして、商品の供給量が需要量に一致するところで生産価格に落ち着く。これに反して、商品の供給量が需要量を下回れば、価格は上昇し、その商品の生産が利潤率の上昇によって有利になるので、やがて生産が拡大して供給量が増加し、価格が下落することによって供給量と需要量が一致する水準で生産価格に落ち着くことになる。

　上述の説明は、価格の決定要因が不変であることを前提としているのであるが、価格の決定要因が変化した場合にも、市場における商品の需要と供給との作用を通じてその変化に対応した水準に価格が落ち着くことになる。(1)まず、商品価値に変化が生じた場合についてみよう。ある商品の価値変化は無媒介的に、ただちにその対応した変化を市場の価格に引き起こすわけではない。市場の価格がまだ変わらない状態では、その商品の生産部門では価値の変化によって利潤率の増加、ないし減少が生じることになり、その結果、生産量の増加、ないし減少となって、供給量の増加、あるいは減少が起こる。かくて、需要量と供給量との間に不一致が生じ、価格が商品価値に対応する水準まで下落、あるいは上昇し、需要と供給が一致して、生産価格に対応する価格に落ち着くことになる。

　つぎに、金の価値が変化した場合には、価格の度量標準が変わらないとすれば、金生産部門においては、利潤率が上昇、ないし下落し、生産活動が活発になるか、あるいは低下することになるかであろう。かくて、金の価値が減少すると、生産の拡大のために投資の増加と雇用の増加が生ずるならば、生産手段および生活資料に対する需要の増加となって、金生産部門と直接関連する生産手段生産部門および生活資料生産部門に需要増加の影響がおよんでいき、その部門で生産される商品の価格が上昇する。価格

の上昇した生産部門においても利潤率の上昇、生産活動の活発化が生じ、生産手段に対する需要の増加および雇用の増加による生活資料に対する需要の増加となり、需要の増加を受けた他の産業部門では商品価格が上昇する。同様の影響がさらに他の生産部門に及んでいくというふうに、影響の波及効果が全産業部門に及んでいく。このようにして、すべての商品価格は金の価値の減少に対応して一律に上昇する。また、金の価値が増加すると、金生産部門で起こった生産活動の低下が、上述のように、順次他の生産部門に影響を及ぼしていき、その波及効果が全産業部門に及んで、すべての商品の価格は金価値の増加に対応するだけ下落することになる。

　さらに、価格の度量標準が変更される場合について述べよう。価格の度量標準の変更が実施されたならば、その変更に応じてただちに商品の価格が騰落するわけではない。価格の度量標準は変更されたが、商品の価格はまだ変わっていないとすれば、貨幣の代表する金量が増減し、貨幣の価値が増減したにもかかわらず、同一の貨幣額で同一の商品を購入することができるので、貨幣と商品の交換は不等価交換になる。価格の度量標準が切下げられた場合には、貨幣の代表金量が減少し、貨幣の価値が減少するならば、価値の減少した貨幣で価値の変わらない同一の商品を購入できるので、商品との相対的な関係でいえば、貨幣の価値は相対的に増大したことになる。そこで、貨幣の保有者は貨幣を今のうちに手放して商品を取得したほうが有利になるので、商品に対する需要が増加する。それに対して、商品の所有者の立場は反対になるので、商品の供給は減少するであろう。かくて、商品の価格は商品と貨幣とが等価交換になる水準まで上昇して安定するであろう。

　これに反して、価格の度量標準が切上げられた場合には、貨幣の代表金量が増加し、貨幣価値が増加するのに、商品の価値が不変で価格も変わらないとすれば、商品と貨幣との交換は不等価交換となる。そうすると、先に価格の度量標準の切下げについて述べた説明において、商品と貨幣との関係を逆にして考えるならば、貨幣の価値は商品の価値に対して相対的に

減少するので、つまり、貨幣の購買力が減少したので、貨幣をもっているほうがそれを商品に換えるよりも有利になり、商品の供給は増加するのに需要は減少し、商品の価格は価格の度量標準の切上げに対応する水準まで下落する。

　価格の度量標準の切下げは貨幣法の改正によって行なわれるだけでなく、不換銀行券の増発によっても起こりうる。その場合には、政府の需要増大のために財政支出が増加し、増発された不換銀行券が流通必要貨幣量を超えて流通界に入り、価格の度量標準が切下がることになる。この場合には、貨幣法上の改正はなく、事実上価格標準の切下げが生ずることになる。その後になって事実上切下げられた価格標準を追認するために、貨幣法の改正が行なわれたとしても、事実上の価格標準の切下げですでに価格は上昇しているので、価格に変化は生じない。

　さて、商品やサービスに対する需要は経済機構の内部から生じるものとその外部から現れてくるものがある。前者は経済の内部でいろいろな活動に携わる経済主体からの需要であり、生産を維持し、発展させるために必要な生産手段に対する需要と生命を維持し生活を享受していくために必要な生活資料に対する需要とである。これらの需要は、経済の内部から生成されてくるので、これを内生的需要と呼ぶことにする。内生的需要に関しては、資本主義経済には景気循環の波動が内在化されているので、これらの需要が供給を上回って全般的に価格が騰貴したとしても、価格の騰貴による利潤率の上昇から生産の拡大が生じ、やがて、過剰生産の結果として供給が需要を上回って価格の下落が生ずることになる。したがって、需要と供給の関係から生じた物価の上昇はやがて物価の下落によってもとの物価水準に落ち着くのである。

　それに対して、行政機関としての政府は経済機構の外部に位置する主体であるから、財政支出による政府需要は経済の外から現れてくる需要である。この需要を外生的需要と呼ぶことにしよう。財政支出にとって必要な財源には強権によって取り立てられる租税収入、国営事業の収入、国債の

市中消化による収入および国債の中央銀行引受による収入がある。これらのなかで国営事業の収入は考慮外においてこれ以外の三つの収入について考えていくことにしよう。

　租税収入が強権による課税に基づくものであるといっても、増税を強行していくらでも収入を増加させることができるわけではない。また徴収される財源が所得にあるとすれば、課税された分だけ民間の消費、あるいは貯蓄される額が減少し、その額が政府に移転されていくことになる。したがって、民間の消費需要および貯蓄が減少し、政府需要がその分だけ増加するにすぎないのである。もし、租税収入がすべて民間消費の減少によって徴収されるとするならば、政府需要の増加が民間需要の減少に等しく、需要の絶対額は変わらない。租税収入のなかに民間の投資されない貯蓄分が入るとすれば、民間の貯蓄分が減少し、その政府需要によってその分だけが需要の絶対額を増加させることができるだろう。

　政府が国債を発行し、その市中消化によって財源を調達して政府需要を増加させる場合には、国債への応募には経済の内部で蓄積によって形成された資金が当てられるのであり、それが投資されない余剰資金であったとすれば、国債発行による政府需要の増加はそのままそっくり総需要の増加になるであろう。しかし、その余剰資金には限度があるかぎり、政府の調達できる資金もおのずから限界につきあたるであろう。また、この場合には政府は資本市場において民間企業と同等の資格で資金調達をするのであるから、資金調達にあたっては民間企業と競合関係になる。もし、政府需要の増大によって経済が好転してくるならば、民間企業が生産を拡大しようとするであろうから、民間の資金需要が旺盛になるはずである。もはや余剰資金はなく、限られた資金を政府と民間とで取り合いになるであろう。かくて、政府の資金調達はますます困難になり、限界に突き当たることになろう。

　また、政府が国債を発行し、その中央銀行引受によって財政資金を調達する場合について考えてみよう。このような資金調達方法が取られるよう

になるのは、国債の市中消化がもはや難しく、また国債の償還も困難な状況になった段階で行なわれるといえよう。勿論、中央銀行の独立性は法によって規定されており、尊重されなければならないが、たとえば、戦争や深刻な不況といった事態が発生した場合には、大量の資金が必要になり、やむなく、このような財政資金の調達がなされるようになる。この方法によって財源の調達が行なわれ、財政支出の増加による需要の増加が生じるとすれば、この政府需要の増加は、経済の内的活動とはまったく無関係に新たに創造された需要が経済の外から内へ投入されるものである。したがって、その需要の増加は全額が経済内部で形成される需要に新たに追加されることになる。

　さて、上述のように、租税収入および国債の市中消化によって財源が調達される場合には、その調達には当然限度があり、政府需要の増加は民間の需要および貯蓄の減少となり、民間の需要と貯蓄の政府需要への移転にすぎず、全体として経済の内在的法則に従う動きが生ずるであろう。かくて、商品・サービスの需要と供給の関係についていえば、需要が供給を上回って価格が騰貴していたとしても、生産の拡大によって供給が増加し、やがては供給が需要に追い付き、そして需要を追い越すようになるかもしれない。かくて、価格は下落していき、時には過度に下落することもあるであろうが、需要と供給の調整を通じて最終的には、商品・サービスの価格は生産価格に等しい水準に落ち着くであろう。これに反して、中央銀行の国債引受に基づく政府需要は、経済体系の内部活動とはなんら関係することなく、投入される外生的需要であった。したがって、中央銀行が異例の緊急事態と認識し、政府の要請に応ずるならば、政府需要が無制限に拡大していく可能性をもっているといえよう。このように考えるならば、インフレーションと関わりをもつ需要は経済体系の内部活動とまったく無関係に形成される政府の外生的需要に求められるように思われる。

3. 貨幣供給とインフレーション

　人びとが財貨およびサービスに対する欲望をもっていたとしても、その欲望が需要となって現れるためには貨幣を保有していなければならない。つまり、供給に対する需要として有効に機能するためには、貨幣による裏づけが必要である。そこで、この貨幣がどのようにして供給され、また人びとによって保有され、需要となって現れるようになったのであろうか、という問題について考えていくことにしよう。

　経済体系内における経済活動から形成されてくる需要、すなわち内生的需要について、資本主義体制の下で単純化して考えるならば、結局、それは再生産を行なっていくために必要な生産手段と生活資料に対する需要に帰することができる。その需要が資本の循環の中から生じるとすれば、それを裏付ける貨幣は生産のために投下された貨幣資本および生産された商品資本と剰余価値の実現にその源を求めなければならないであろう。貨幣資本は不変資本としての生産手段と可変資本としての労働力に投下される。したがって、まず、ここで生産手段を購入する貨幣と労働力商品を購入する貨幣が現れる。生産手段の購入が可能になるためにはその生産手段の販売がなければならない。生産手段の販売に関していえば、それは商品資本と剰余価値の実現にあたる。商品資本は貨幣資本に転化され、剰余価値は商品形態から貨幣形態に転化されることになる。つぎに、賃金を受け取った労働者はその貨幣を生活資料の購入に支出し、剰余価値を実現した資本家も蓄積分を除いたその貨幣を生活資料の購入に支出する。両者が生活資料を購入可能になるためには、これらの生活資料を販売する資本家がいなければならず、これらの資本家にとっては生活資料の販売は商品資本と剰余価値の実現であり、商品形態から貨幣形態への転換となる。所得流通に関わる貨幣は資本の循環から一時的に離れるけれども、また資本の循環に吸収されていくことになる。

　このように考えるならば、再生産過程における資本の循環から生まれて

くる需要、すなわち内生的需要を裏付ける貨幣は、資本の循環における貨幣資本の投下や商品資本や剰余価値の実現から生まれてくるのであり、経済の内部から現れてくるとみなければならない。その貨幣の根源となる投下される貨幣資本の主要部分は生産活動のなかで蓄積されてきた自己資本であり、それに銀行からの借入れ資本が必要に応じて加わることになる。いずれにせよ、資本主義経済に内在する景気循環の運動にしたがって投下される貨幣資本量の増減が生ずるが、その増減に応じて生産手段と生活資料に対する需要が増減し、それらの需要を満たすため必要な流通貨幣量が増減するという結果になるであろう。かくて、内生的需要に伴って流通する貨幣量は再生産過程における資本の循環運動に対応して増減するといえよう。景気の好転によって生産活動が活発になってくると、資本の投下量を増加させるために資本が調達され、銀行からの借入れ資本も増加し、それと共に需要が増加し、流通する貨幣量の増加が生ずるであろう。また、景気が逆転して停滞してくると、生産活動は縮小し、投下資本量は減少する。そこで、銀行からの借入れ資本は返済され、回収された資本は投下されずに貨幣形態で保有されることになる。その結果、需要は減少し、流通貨幣量は減少するであろう。要するに、需要となって現れる貨幣は経済の外から供給されてくるのではなく、経済の内から、内生的に現れてくるのであり、再生産規模の拡大に応じて増大し、再生産規模の縮小に応じて減少するのである。したがって、供給される貨幣量は流通必要貨幣量に対応する貨幣の供給である。

　さて、外生的需要にあたる政府需要を裏付ける貨幣がどのように形成されてくるかをみよう。上述のように、政府需要には三つの種類があった。まず、租税収入に基づく政府需要に関していえば、租税の支払いが所得から支出されるとすれば、納税者が所得として受け取った貨幣額のなかから、税金分の貨幣額が政府に吸い上げられ、それが財政支出として経済のなかに投入されることになる。したがって、この政府需要を裏付ける貨幣額は、政府の財政支出を通じて投入されるという観点のみから見るならば、経済

の外から内へと投入される貨幣のように見えるのであるが、その貨幣は本来的には内生的な貨幣である。租税支払によって経済内の貨幣額がそれだけ減少し、財政支出によってその貨幣額が経済内に投入され、経済内の貨幣額がもとの水準に戻ったにすぎないのである。

つぎに、政府が金融市場で国債を発行し、その発行によって獲得した財政資金をもって支出を増加させる場合である。この場合には、政府は他の経済主体と同等の資格で資金の調達を行なうのであり、その財政資金は経済体系内に存在する蓄積資金から調達されることになる。その蓄積資金は再生産過程のなかから形成されてくるのであり、種々の源泉が考えられるであろう。すなわち、所得の中から蓄積、ないし貯蓄され、まだ投資、あるいは支出されない部分、資本の循環から遊離している資本部分、たとえば、生産の縮小によって生産過程から引上げられて保有されている貨幣資本、固定資本の減価償却積立金などがあり、また支出されるまで一時的に保有されている所得部分、賃金や原材料の支払いに当てられ資金が預金として銀行に集められることによって形成される貸付可能資本もあろう。それらの貨幣形態の資本は経済体系内で形成された資本であり、その資本が経済外の政府によって経済内から引上げられ、そして財政を通じて支出されることになる。かくて、財政資金が民間の保有する剰余資金から調達されたのであれば、経済体制のなかでは需要となりえなかった資金が政府によって支出され、追加需要として生かされ、需要の創造となるのである。しかし、政府の資金調達が民間の資金調達と競合する場合には、民間の投資が減少し、それだけ政府支出が増加するに過ぎないので、需要の増加とはなりえない。いずれにせよ、調達された財政資金についていえば、それは経済体制内にあった資金、ないし貨幣が政府によって引上げられ、支出されたものにすぎないのであり、政府によって新たな資金、ないし新たな貨幣が経済体制内に投入されたわけではない。

最後に、本来的には国債の発行は市中消化が原則であるにもかかわらず、国債の中央銀行引受によって財政資金の調達が行なわれる場合についてみ

よう。年間の財政収支の状況から一時的に支出の超過が生じ、その支出超過を充当するために必要な財政資金が国債の中央銀行引受によって調達されるが、年度内の財政収入で国債の償還が行なわれる場合を除くならば、この財政資金の調達方法は、国債の市中消化が何らかの理由によってできない、または国債の過剰な発行によってもはや市中消化が困難であるという状況のなかで行なわれる。この方法による財政支出の増加は、経済体制内の資金需給とはまったく無関係に、経済体制外から流通過程への貨幣投入にあたる。この外生的貨幣量にあたる不換銀行券が流通必要貨幣量を越えて流通界に入り、流通しうるのは、強制通用力に基づくからであり、価格標準の切下げによって可能になるのである。その結果として、過剰な貨幣量は流通必要貨幣量に吸収され、政府の支出した貨幣量は応分の需要を実現することになる。

　かくて、政府の要請によって中央銀行が国債を引受け、政府が租税収入をもってこの種の国債を償還することなく、中央銀行引受国債の発行を増加し続けるとすれば、中央銀行には直接引受の国債が累積されていくと同時に、流通界には還流されてこない貨幣量がどんどん増加し、やがて支配的になってくる。そこで、この方法によって経済体制外から投入された貨幣量、すなわち完全に外生的貨幣量が流通界で流通必要貨幣量を越えていくならば、価格標準の切下げによって物価が騰貴していくことになる。この物価騰貴がインフレーションなのである。

4．中央銀行の国債引受発行と売りオペレーション

　戦争や革命、さらには大不況のような緊急事態が勃発し、その対処のために財政支出の増大に必要な財政資金を調達するために、かつては、国家自身が国家紙幣を発行することもあったが、しかし、信用制度の発達してきた段階においては、増税にも国債の市中消化にも依存できない場合には、政府はわざわざ国家紙幣を発行することなしに、既存の信用制度に基づき、

第4章　インフレーションと貨幣供給

それを利用して財政資金を調達する方法がとられるようになった。それが中央銀行の国債引受発行の方法であった。すなわち、政府は国債を発行し、それを中央銀行に対して直接引受けさせることによって増大する財政支出に対処する資金を調達することになった。

中央銀行の国債引受発行による不換銀行券についてみれば、それは銀行の債務に基づいて発行され、銀行券の形式をとっているけれども、その債務は国債の引受債務に基づいており、その意味では完全に国家債務に依存していることになる。かくて、この方法によって発行された不換銀行券は、中央銀行を迂回しているけれども、実質的には国家紙幣となんら変わらないことになる。中央銀行が政府の要請に応じて国債直接引受けによって発行を続けていけば、この不換銀行券が国家紙幣と同じ道をたどることは当然といわなければならない。そして、政府が租税収入をもって中央銀行引受国債の償還を行なわないかぎり、この方法で発行された不換銀行券は中央銀行へ還流していかないと考えるべきであろう。

いま、深刻な不況を打開するために、財政支出を増大させ、政府需要の増大を呼び水として一般的に需要を喚起し、景気を回復させようとする財政政策がとられたとしよう。この場合に、財政収支の赤字分を補塡するために必要な財政資金を国債の中央銀行引受けによって調達する方法がとられるならば、その資金は中央銀行から政府の手に渡り、政府によって財政支出を通じて流通に投入されることになる。この方法はいわば財政ルートを通ずる資金の投入である。このような財政政策が続行されていくならば、中央銀行には引受国債が累積していき、流通界においては還流されてこない不換銀行券が増大していくであろう。かくて、この不換銀行券が流通に必要な貨幣数量を超えるならば、価格の度量標準が切下がり、物価が騰貴し、インフレーションになる。

つぎに、中央銀行の売りオペレーションに関していえば、その操作は中央銀行が金融市場で国債を売却し、資金を市場から引上げる取引である。つまり、景気が過熱しそうな状況におかれているので、あるいはその状況

になっているので、金融市場における過剰な資金が経済活動に行過ぎた影響を与え、物価の騰貴を引き起こさないように、中央銀行が金融市場から資金を吸収する操作である。かくて、それは金融政策の一環であり、通常、中央銀行が金融市場における資金の需給関係に影響を与える操作にすぎない。売りオペレーションは金融引締政策にあたり、それは通常の金融ルートによる資金の吸収であるにすぎない。したがって、中央銀行が資金を吸収できるためには、国債の売却に応ずる買い手がいなければならない。国債の買い手がいなければ、中央銀行は国債を売ることはできず、資金を吸収できないであろう。また、この金融ルートを通じる資金の供給・吸収は公開市場操作だけでなく、手形の再割引、有価証券担保貸付を通じても行なわれている。そこで、中央銀行が国債を売却でき、金融市場から資金を吸収できたとしても、市場で資金が逼迫していたならば、ほかの方法で中央銀行から必要な資金が供給される可能性を完全に否定することはできないのではなかろうか。

さて、一方では、赤字財政によって政府需要を増大させ、赤字分の補塡を国債の中央銀行引受によって調達するという財政政策をとり、この財政政策によって景気の回復を図り、他方では、中央銀行の金融政策である売りオペレーションによって財政支出を通じて投入された資金を回収し、起こりうるインフレーションを回避するというきわめて望ましい政策は、はたして有効に機能するのであろうか。この財政政策と金融政策の併用は、1930年代の日本において高橋財政のもとで採用された政策であったが、以下において若干の検討を加えておくことにしよう。

経済体系内における資金量に関していえば、政府が財政ルートを通じてある資金量を投入し、中央銀行がそれと同額の資金を金融ルートを通じて吸収するとすれば、資金の投入と吸収との間には時間のズレがあるとしても、結果として経済体系のなかにおける資金量は以前と同額になる。この時間的ズレを使って政府需要の増加を梃子にして景気の回復を図り、物価の上昇が生じないうちに資金を引上げることができれば、有効な政策のよ

うに思われる。しかし、財政ルートを通じて投入された資金は流通界において商品やサービスの購入に向かい、流通必要貨幣量を満たす貨幣として流通することになる。しかし、金融ルートを通じて吸収される資金は、再生産過程における資本の循環から遊離している余剰資金であり、流通過程から引上げられて保有されている退蔵貨幣であり、流通必要貨幣量を満たす貨幣ではないのである。したがって、貨幣としてみるならば、両者の対象となる貨幣は異なった局面におかれた役割の異なった貨幣であるとみなければならない。

かくて、政府が赤字財政を継続し、国債を中央銀行に引受けさせてその赤字部分を補塡するという方策がとられていくならば、この引受国債が償還されないかぎり、財政ルートから流通に入る不換銀行券は増大し、累積されていくことになる。他方において、中央銀行が売りオペレーションを行なうならば、資金に余裕がある場合(2)には、それが金融ルートを通じて中央銀行に吸い上げられていくであろう。しかし、政府需要の増加が刺激になって生産が拡大するならば、資金需要も増加することになり、余剰資金がなくなると、中央銀行が売りオペレーションを行なおうとしても、国債の買い手が現れないので売りオペレーションを続けることができなくなるであろう。そこで、もし中央銀行が売りオペレーションを強行し、資金を引上げたとしても、その場合には、金融ルートの他の方法によって必要な資金が供給されることになるだろう。

さて、売りオペレーションによって余剰資金が中央銀行に引上げられるならば、それにともなって貨幣も引上げられていくのであるが、その貨幣は流通の外にあって、当面保有されたままになっているものであり、流通に必要な貨幣量を構成するものではない。それに反して、国債の中央銀行引受によって資金が調達され、財政支出を通じて投入される貨幣は、必ず流通に入り、商品およびサービスの購入に使用されるのであるから、流通に必要な貨幣量を構成することになる。かくて、国債の中央銀行引受発行が、その償還の見通しのないままに、続行されていくならば、たとえ売り

オペレーションによって貨幣が中央銀行に引上げられたとしても、流通必要貨幣量のなかで財政支出を通じて入った貨幣量の占める割合は順次増加していくことになり、そして、やがて流通必要量を越えることになれば、価格の度量標準が切下がってインフレーションとなり、インフレーションが昂進していくことになる。

　要するに、財政ルートを通じて貨幣が流通にいれられても、金融ルートを通じて貨幣が引上げられるならば、貨幣量に変わりがないので、財政ルートを使って景気の回復を行ない、流通に入った過剰な貨幣を金融ルートを使って吸収して物価の騰貴、インフレーションを阻止できると考えることは、単純な貨幣数量説に立脚し、投入される貨幣と吸い上げられる貨幣とが同質であり、相互に相殺可能であるという認識に基づいていることになる。しかし、両者の貨幣は、形態が同じであったとしても、質的に異なった役割をもっていることが認識されるべきであろう。

5．国債の市中消化と中央銀行の割引ないし買いオペレーション

　政府の発行した国債を市中の銀行に引受けてもらい、その国債をただちに中央銀行が割引ないし買いオペレーションを実施する場合には、それぞれの金融操作を考えるならば、国債は市中消化であり、中央銀行の割引も買いオペレーションも中央銀行の通常の業務であるから、インフレーションは起こらないのであろうか。

　1926年からのフラン安定化にあたって、ポアンカレはまず7月末の国庫の危機的状況を乗り切らねばならず、そのためには財政資金の調達が緊急であった。かれは7月26日にフランス銀行総裁モローと会談したときにこの金融操作を要求している。それに対して、モローはそのような操作をするとインフレーションになると反対すると、ポアンカレは怒って激しく反論したことがモローの日記に記載されている。(3) 当時はフランス銀行がまだ公開市場操作を行なっていなかったので、割引という操作に求められたの

であろう。買いオペレーションも同様の効果をもつはずである。

　さて、政府が国庫収支の一時的不足分を補うために短期の国債を発行し、支払のために財政資金を調達する場合に、銀行に余剰資金があって、その余剰資金をもって銀行が国債を引受けたのであれば、国債の市中消化が行なわれたにすぎない。政府の国債償還が確実に行なわれるかぎり、たとえ、国債の引受後に民間の貸付需要が増加して、銀行が割引いた国債を中央銀行で再び割引いてその資金需要に応じたとしても、銀行の貸付による貨幣の増加は流通に必要な貨幣量の増加に伴って供給されたものであり、インフレーションにはならないであろう。しかし、銀行は余剰資金がないにもかかわらず、発行された国債を引受けざるをえないとすれば、貸付けるべき資金を一時留保して国債を引受け、ただちにその国債を中央銀行で割引いて調達した資金を貸付けに充当することになる。銀行の貸付によって供給される貨幣は流通界で必要な貨幣量に対応するものであり、流通界では必要な貨幣量が満たされてしまっているので、その後に政府が支出する貨幣量は流通界にとって過剰な貨幣供給になってインフレーションを引き起こすことになる。

　政府が国債の発行に際して、その国債を中央銀行が割引くという条件をつけることは、そのような条件なしでは銀行が国債を引受けないからである。銀行が政府の償還能力に疑問をもっているか、あるいは資金的余裕がないかであろう。このような状況のもとでは、銀行の引受けた国債は直ちに中央銀行で割引かれるであろう。もし、この国債の支払期限が到来した時に、国庫の困難な状況が解決されていないならば、国債の償還のためにさらなる国債の発行が必要になり、国債発行によって政府から支出された貨幣は中央銀行に還流せず、流通界に入ったままになる。

　したがって、国債の市中消化と中央銀行の割引ないし買いオペレーションとの併用は、中央銀行に国債が累積される可能性が高く、結局、国債の中央銀行引受と変わらないことになる。それぞれの金融操作は通常の形式をとっていても、経済の状況によっては、インフレーションを引き起こし

かねないのである。

おわりに

　物価の上昇、ないし物価の持続的上昇をインフレーションとして把握する傾向がみうけられるが、物価の持続的上昇はインフレーションで起こるだけでなく、景気循環の好況局面でも起こる現象である。両者は同一の物価現象であっても物価を上昇させる原因が異なり、質的に異なった物価の上昇である。インフレーションは価格決定要因である価格の度量標準を切下げる、あるいは切下げられることによって起こる物価の上昇であり、上昇した物価は下落しない。それに反して、景気循環の好況局面における物価の上昇は、価格決定要因には変化がなく、たんに商品・サービスに対する需要がその供給を上回ることによって起こるのである。したがって、供給が需要を上回るような状況になれば、資本主義に内在する経済法則に支配されて、やがて物価は下落し、価格決定要因によって決まってくる水準に落ち着くことになる。

　市場という場面でみるかぎりでは、物価は、それがどんな原因で生じたとしても、商品・サービスの需要・供給の関係を通じて変動するのであるが、物価の騰貴を引き起こす供給を上回る需要のなかでインフレーションと関わるのはどんな需要なのかが問題であった。需要には、経済体系の中から形成されてくる需要、すなわち内生的需要と経済体系の外から内へと投入される需要、すなわち外生的需要とがあり、さらに外生的需要は経済体系との関わりのなかで形成されるものと経済体系とは全く関係なく形成されるものがあった。そして、内生的需要と外生的需要の前者とについては、需要の増加には経済体系からくる制約があり、やがては需要を上回る供給が出現し、物価の下落に導かれるのであった。かくて、インフレーションを引き起こす需要は、経済体系とは全く関わりなく形成され、その制約を受けることなく、経済体系の外から投入される政府需要を考えるべき

でなかろうか。

　内生的需要およびそれに準じて考えられる外生的需要を裏付ける貨幣については、それは中央銀行―商業銀行―企業という金融ルートを通じて供給され、経済体系のなかで蓄積され、資本や資産として内在する貨幣、ないしは内生的に形成された資金としての貨幣であり、経済活動の拡大縮小による投下される資本量の増減に対応して、必要に応じて流通に入り、必要がなくなれば流通から出て資本や資産として保有される貨幣、あるいは貸付返済によって流通に入り、流通から出ていく資金としての貨幣である。したがって、これらの貨幣は内生的貨幣であり、流通必要貨幣量に応じて増減することになる。しかし、中央銀行の国債引受に基づき、経済体系と全く無関係に創造され投入される需要を裏付ける貨幣は、中央銀行―政府―財政支出というルールによって流通に入って流通必要貨幣量を構成することになる。中央銀行が政府の要請に応じて国債引受発行を続行するならば、中央銀行に還流してこない不換銀行券が流通の中で増加し、流通必要貨幣量を越えるならば、価格の度量標準が切下がり、インフレーションが起こるようになる。

　最後に、中央銀行引受発行と売りオペレーションとを併用する財政金融政策については、国債の中央銀行引受によって調達された財政資金が財政支出として流通に入り、支出された貨幣は流通手段、ないし支払手段として流通し、流通必要貨幣量を構成することになる。この貨幣は政府が中央銀行引受国債を償還しないかぎり、中央銀行に還流することなく転々と流通するであろう。それに対して、中央銀行による売りオペレーションは、たとえ、引受国債が売られたとしても、中央銀行に回収されるのは、流通から引上げられて当面投下されない余剰になっている資金としての貨幣であり、いわゆる余剰資金が中央銀行に引上げられていくにすぎない。流通必要貨幣量のなかから貨幣が引上げられていくわけではない。やがて余剰資金が枯渇すれば、中央銀行は売りオペレーションによって資金を吸収することが不可能になるであろう。こうして中央銀行の国債引受発行のみが

続けられる事態になるであろう。また、国債の市中消化と中央銀行の割引、ないし買いオペレーションとを併用する財政金融政策は、国庫収支の困難な状況のもとでは、償還のためにさらに国債発行が行なわれるようになり、中央銀行に国債が累積されて行くことになり、結局は中央銀行の直接引受と異ならないことになりかねない。したがって、これらの二つの財政金融政策によってインフレーションを阻止することは難しいであろう。

注

（１）岡橋保『貨幣論』春秋社、昭和32年、26ページ。
（２）長幸男『昭和恐慌』同時代ライブラリー、岩波書店、1994、219ページ。
（３）É.Moreau, Souvenirs d'un Gouverneur de la Banque de France, Genin, 1954, pp.219. なお、その時に、ポアンカレはモローの前任者ロビノが1923年および1924年に同じ操作を何回か行なっていたことを述べている。

第5章　通貨量の増減とインフレ・デフレ
― ケインズ説と岡橋説 ―

はじめに

　以前にインフレ・デフレの非対称性についての問題として三つの説、すなわちリスト説、ケインズ説および岡橋説を取り上げて紹介したが、その後、通貨量の問題を考えているうちに、ケインズ説と岡橋説については、さらに理論的に考察を加えてみる必要があるように思うようになった。そこで、両説を再度取り上げて検討してみることにしよう。

　ケインズ説は、完全雇用を臨界点としてそれ以上への通貨の増加が物価の上昇のみを引き起こし、実質的変化を引き起こさないのに、それ以下への通貨の減少が物価の下落だけでなく、実質的変化をも引き起こすことに注目し、インフレ・デフレの非対称性を論じている。それに対して、岡橋説では、ケインズ説の臨界点にあたるのが流通必要貨幣量であり、それ以上への通貨量の増加が物価の名目的騰貴を引き起こすのに、それ以下への通貨量の減少が物価の実質的下落を引き起こすことに留意し、インフレ・デフレの非対称性が論じられている。

　両説は依って立つ理論的立場が異なるにもかかわらず、ともにインフレ・デフレの非対称性を主張していることは、通貨量の問題を考えていく場合に、かなり重要な論点であるようにも思われる。そこで、以下においてインフレ・デフレの非対称性に関するケインズ説および岡橋説を説明し、両者の異同を明らかにしながら、考察を進めることにしよう。

1. ケインズ説

　ケインズの物価の理論を簡略に表現するならば、現実の物価は、需要の側における有効需要量を決める諸要因と供給の側に関わる雇用、生産における諸要因との複雑に絡み合った相互依存関係の過程から形成されてくる限界費用によって決まってくるといえよう。

　貨幣量が変化する場合に、その効果が直接に比例的な有効需要の変化となって現れるわけではなく、まず、貨幣量の変化が利子率に与える影響を通じて生ずるとすれば、新たに増加した貨幣量が人びとによって受け入れられ保持されるためには、どの程度利子率が下がらなければならないかは、流動性選好表によって示される。そして、資本の限界効率表は利子率の低下によってどれだけの投資が増加するかを表わし、その投資の増加がどれだけ有効需要を増加させるかは投資乗数によって決められてくることになる[2]。

　しかし、上述の説明はあまりにも単純化したものであり、現実には有効需要を決める三つの要因そのものが複雑に入り組んでいる他の要因、すなわち、生産資源、賃金単位、限界費用に入る生産要素の報酬にも依存しているからである。流動性選好表は新たに増加した貨幣量のうちどの程度が所得流通と産業流通とに入っていくかに依存しているし、またそのことは、有効需要量の増加の程度に依存し、さらには、その有効需要量の増加が物価の上昇、賃金の増加、産出量および雇用の増加となってその影響を及ぼしていくかにもかかわっている。資本の限界効用表についても、それは部分的に、貨幣量の増加に付随する情況が貨幣の将来見通しに与える影響に依存しているし、投資乗数は有効需要の増加によって形成されてくる新たな所得がどのように種々の消費者階級に分配されていくかにも依存しているのである。かくて、これまで述べてきた三つの要因とこれから述べる生産資源、賃金単位、限界費用に入る諸生産要素の諸要因との間にある複雑な相互依存関係が、事実上完全に解明されるならば、与えられた貨幣量の

第5章　通貨量の増減とインフレ・デフレ

増加に対応する有効需要の増加が確定されることになる(3)。

　資源については、質的に均一でないので、雇用が増加するにつれて収穫は逓減し、不変ではありえない。生産能率に比例した報酬が労働者に支払われるのであれば、雇用の増加による賃金単位表示の労働費用は不変であるが、同じ等級に属する労働者に支払われる賃金がその能率にかかわらず、均一であるならば、機械設備の能率に関係なく、労働費用は増加する。さらに、それぞれの機械設備も同質ではなく、そのある部分については、産出量一単位あたりより大きな主要費用が必要になり、労働費用の増加を越える限界主要費用の増加となる。かくて、供給価格は、一般的にいって、賃金単位の変化とは別に、価格の上昇となるのである。また、資源の用途はそれぞれに異なっており、代替可能でない。用途の異なっている未利用資源が生産にとって数量的に釣合いの取れているのであれば、すべての未利用資源が同時に完全利用の状態になるであろう。しかし、現実には、未利用資源は互いに釣合いの取れた数量になっていない。ある資源はまだ十分にあるのに、他の資源は完全に利用し尽くされ、供給の弾力性が完全に失われてしまう。したがって、産出量が増加するにしたがって、資源の不足が隘路となって、ある種の商品は供給が非弾力的になってしまい、それらの商品への需要が他の商品の需要に振り向けられるようになる水準まで、それらの商品の価格は上昇することになる。かくて、使用されていない資源が豊富に存在し、失業者が多数いる場合には、有効需要の増加は、ほとんど物価の上昇とはならず、雇用の増加、産出量の増加となってその作用を及ぼしていく。けれども、資源不足という隘路を引き起こすほどの有効需要の増加は、雇用、産出高の増加とはならずに、物価の上昇に影響を及ぼすことになる(4)。

　賃金単位については、完全雇用の状態になる以前においても、賃金の上昇する傾向が生じやすい。というのは、賃金の上昇は、労働者集団にとっては生活水準の向上になるので好ましく、また企業者にとっては好景気の時にはそれを容認しやすい条件になるからである。そこで、有効需要の増

加の影響は一部分賃金単位の増加となって現れうるのである。完全雇用という臨界点に到達するならば、貨幣表示の有効需要が増加するのに対応して、貨幣賃金は賃金財価格の上昇に完全に比例して上昇することになるが、完全雇用になる以前においても、賃金財価格の上昇に比例してではないが、有効需要の増加は貨幣賃金を上昇させるような半臨界状態を生じさせる。実際には、賃金単位の増加は有効需要の増加に対応して連続的に生ずるわけではなく、非連続的に現れるのであるが、このような半臨界状態における物価の騰貴は半インフレーションといわれる状態であって、完全雇用の状態で起こる絶対的インフレーションに若干類似した現象が起こりうるのである。(5)

　限界費用の中に入る諸生産要素については、それらの報酬が同じ割合で変化するわけでない。種々の生産要素の報酬率はそれぞれ異なった硬直性を示すであろうし、また与えられた貨幣報酬率の変化に対応して異なった供給の弾力性を示すであろう。したがって、さまざまの生産要素の報酬は異なった割合で変化するのである。いま、限界主要費用に入る生産要素の報酬を加重平均し、これを費用単位と呼ぶならば、それは不可欠な価値標準になりうる。技術と設備が一定であるという条件のもとでは、価格水準は部分的に費用単位と産出量の規模に依存することになる。短期においては、産出量の増加する場合には、収穫逓減の法則が作用するので、価格水準は費用単位の増加以上に大きく上昇する。(6)

　貨幣量の増加に基づく有効需要の増加は、広範な失業の存在する場合には、最初のうちは、物価が上昇せずにもっぱら産出量の増加によって吸収されるだろう。しかし、有効需要が増加するにつれて、上述の諸要素の条件が作用することによって、その増加はすべてが産出量の増加に吸収されず、部分的に産出量の増加と物価の上昇となって現れる。つまり、半臨界状態における半インフレーションが生ずることになる。そして、完全雇用が達成されるならば、さらなる有効需要の増加が生じたとしても、もはや産出量の増加とはならず、有効需要の増加に比例する賃金単位の増加とな

り、真正インフレーションが起こる(7)のである。

　したがって、完全雇用という臨界点の以上以下の両側では非対称性が存在するようにみえる。この水準以上では、貨幣量の増加による有効需要の増加は、費用単位で量られた産出量を増加させることなく、もっぱら物価の騰貴、インフレーションを引き起こすにすぎない。これに反して、この水準以下では、貨幣量の減少による有効需要の減少は、物価の下落、デフレーションを引き起こすだけでなく、雇用の減少となり、費用単位で量られた産出高の減少が起こることになる。つまり、インフレーションにおいては経済の実質的変化が起こらないのに、デフレーションにおいては経済の実質的変化が起こるのである。このようになるのは、諸生産要素、とりわけ労働者は貨幣報酬の引下げには反対し、抵抗するが、貨幣報酬の引上げはかれらにとって好ましく、抵抗する理由がないからである。この賃金の下方硬直性が非対称性の根拠になるのである(8)。

2．岡橋説

　岡橋説はインフレーションおよびデフレーションという物価の騰落についてその本質を通貨量の増減にではなく、価格標準の切上げおよび切下げに求めている。インフレーションは物価の名目的騰貴であり、デフレーションは物価の名目的下落である(9)。このような把握においては、インフレーションとデフレーションは対称的な貨幣現象である。しかし、通貨量の増減と物価の騰落との関係においては、流通必要貨幣量を越えて過剰な通貨が流通に投入された場合には、価格標準が切下げられ、物価の名目的騰貴が生じ、インフレーションになるが、流通界における流通必要貨幣量から通貨を引上げる場合には、物価の実質的下落となり、デフレーションが起こらないという。ここにインフレ・デフレの非対称性がある。

　単純な貨幣数量説によれば、通貨量の増加は物価の上昇を引き起こし、通貨量の減少は物価の下落を引き起こす。上昇する物価と下落する物価に

差異がなく、同じ物価であるから、物価の上昇がインフレーションであり、物価の下落がデフレーションであるとすれば、インフレ・デフレの非対称性はない。また、流通必要貨幣量を踏まえて貨幣問題を考える立場においても、流通必要貨幣量を越えて過剰な通貨が流通に投入される場合には、流通必要貨幣量と流通する通貨量を比較して、流通必要貨幣量に対して流通する通貨量が過剰であるから、価格標準が切下げられ、物価の名目的騰貴が起こる。それとは反対に、流通必要貨幣量を構成している通貨を流通から引上げる場合には、流通必要貨幣量と流通する通貨量を比較して、流通する通貨量が流通必要貨幣量に対して過少になるから、価格標準が引上げられて物価の名目的下落が生じる。物価の名目的騰貴がインフレーションであり、物価の名目的下落がデフレーションであると考えるならば、インフレーションとデフレーションとは対称的になる。

　それに対して、岡橋説においては、流通必要貨幣量を越えて過剰な通貨が流通界に投入される場合には、流通する商品取引量が変わらないとすれば、投入された通貨が流通するためには、物価が上昇しなければならない。商品の価値および金の価値が不変のもとでは、その物価上昇は通貨の代表金量の減少、すなわち価格標準の切下げによるものであり、物価の名目的騰貴となる。しかし、名目的騰貴だからといって、すべての商品価格が同時に一斉に上昇するわけではない。通貨と特定の商品の不等価交換、商品の相対価格の変動を通じて調整がなされ、一般物価の騰貴となっていくのである。この調整過程は価値関係の変化した場合と全く変わらないし、また、この調整過程において価値関係の変化も起こりうるが、それは、インフレーションとは別の問題であり、付随して起こった価値関係の変化の問題として処理しなければならない。したがって、インフレーションが価格標準の切下げによる物価の名目的な騰貴であることに変わりはない。[10]

　過剰な通貨であっても通貨であるかぎり、購買力の創造になり、需要の増加となりうるのであるが、この需要は創造購買力による仮装的な需要であって、過剰な通貨が流通に入って流通必要貨幣量に内包されることによ

って現実の需要になりうるのである。つまり、過剰な貨幣が流通に入り流通必要貨幣量になることによって、仮装的な需要が現実の需要となるのである。流通する商品量が変らず、価値関係の変化がないとすれば、過剰な通貨が流通必要貨幣量に吸収されるためには、物価の上昇しかありえないし、その物価の上昇は、価格標準の切下げによる名目的な物価騰貴であり、需要の増加による物価の騰貴ではない。勿論、この場合にも、瞬時に価格標準が引下げられ、名目的に物価が騰貴するわけではなく、創造購買力が需要となって向かう個別商品の価格上昇を通じて名目的価格上昇が進行していくことには変わりはない(11)。

これに反して、流通界から強権をもって通貨を引上げて通貨量を収縮させる場合には、現に流通している通貨は流通必要貨幣量に相当するのであるから、通貨量が流通必要貨幣量から引上げられることになるので、引上げられる通貨は現実の需要となりえた通貨であり、実質的な購買力によって裏付けられた通貨である。したがって、通貨の引上げは需要の減少となって現れ、需要の減少の結果として市場価格が下落する。他の条件が一定であれば、市場価格の下落によって流通する商品価格総額が減少し、流通必要貨幣量が減少するから、それに見合った通貨量が流通することになる。そして、物価の下落に対応して生産の側では調整が行なわれ、需要の減少、市場価格の下落に対応した生産調整が行なわれ、商品価値の低下となって落ち着くことになる。したがって、通貨の引上げによる物価の下落は、物価の実質的な下落であり、価格標準の切上げとはならないので、デフレーションではない(12)。

3．両説の比較検討

これまで両説についてそれぞれの主張を説明してきたが、ここでは両説を比較検討してみることにしよう。ケインズ説は通貨量の増減が臨界点を境にして経済の実体に与える影響の違いにインフレ・デフレの非対称性を

求めていた。すなわち、限界点以上への通貨量の増加は物価が上昇するだけであり、雇用や生産量は変わらないが、限界点以下に通貨量が減少すると、物価が下落するだけでなく、雇用、生産量も減少する。この場合に、上昇する物価と下落する物価とは同じ物価であり、同質であり、質的違いはない。それに対して、岡橋説は、臨界点以上に通貨を増加させると物価の名目的上昇が生じ、臨界点以下に通貨を減少させると物価の実質的下落が生じることにインフレ・デフレの非対称性を求めていた。上昇する物価と下落する物価とには、質的な相違があり、同質ではない。

　物価に関していえば、上昇する物価については、ケインズ説では雇用および産出量が増加せず、物価のみが上昇するのであるから、実質的変化がないと判断していいであろうし、岡橋説では物価が名目的に騰貴するのであるから、実質的変化はないことになる。したがって、実質的な変化が生じないことでは両説に共通である。しかし、ケインズ説では賃金財価格と同じ割合で賃金が上昇するのに対して、岡橋説では賃金が物価の上昇に一番遅れて上昇することになる(13)。下落する物価については、両説とも経済に実質的変化が生ずると見ることでは同じであるが、しかし、ケインズ説は雇用および産出量の減少から生ずる限界生産費の低下による物価の下落であるが、岡橋説は需要の減少による物価の実質的下落であるから、商品価値の低下による物価の下落となる。このような相違は理論的立場の相違からくるものであり、ケインズ説が限界生産費説に基づくのに対し、岡橋説は労働価値説に立っているからである。

　臨界点については、ケインズ説は完全雇用にあり、岡橋説は流通必要貨幣量に求めている。この相異は視点の相異に基づくのであり、ケインズ説が実体経済の側から見ているのに、岡橋説が貨幣の側から見ているからであろう。ケインズ説は臨界点を完全雇用に求めたので、完全雇用の状態でのみ真のインフレーションが起こるのであるが、岡橋説ではそのような制約はなく、不完全雇用の下でもインフレーションが起こりうることになる。

　さて、インフレーションとデフレーションは貨幣現象であり、通貨量の

第5章　通貨量の増減とインフレ・デフレ

増減とインフレ・デフレとの関係を検討する場合には、貨幣の側から考察を進めるのが妥当であろう。そこで、岡橋説に基づいて若干考察を付け加えておくことにしよう。

　すでに述べられているように、過剰な通貨が流通界に投入される場合に起こる物価の騰貴が名目的な物価であり、通貨が流通界から引上げられる場合に生ずる物価の下落が実質的な物価であるとすれば、投入される通貨と引上げられる通貨との間には何らかの相違があるように思われる。流通に投入される過剰な通貨は、流通必要貨幣量を越える通貨量であるから、経済の内部から必要に応じて増加する通貨ではない。したがって、インフレーションを引き起こすこの貨幣は、通常の経済活動のために形成された通貨ではなく、経済の外部における必要に応じて形成されてきた通貨であり、この通貨は外生的通貨なのである。外生的通貨であれば、それによって創造された購買力の需要も外生的な、仮想的需要であり、通貨が流通に入って流通必要貨幣量に内包されて初めて応分の有効な現実的需要となるのである。

　それに対して、流通界から通貨を強権によって引上げる場合には、投入された貨幣が外生的通貨であっても、流通に入ると流通必要貨幣量に内包されてしまうのであるから、流通している通貨はすべて内生化されて流通必要貨幣量を構成することになる。強権を持って引上げられる通貨は内生的通貨であり、その購買力に相当する需要は、現に流通する商品によって裏付けされている現実の需要である。かくて、通貨が引上げられるならば、需要は実質的に減少することになる。しかし、強権をもって通貨を引上げるといっても、現に流通手段、支払手段として流通している通貨を流通過程から引上げることはできないのではなかろうか。流通している通貨を一旦経済主体に保有させた後に、その保有通貨のなかから引上げることになる。そこで、引上げられる通貨の購買力に相当する実質的需要が減少し、物価が下落し、流通必要貨幣量が減少し、それに見合った通貨量が流通するのである。そして、需要の減少と物価の下落に対応する生産調整が行な

111

われるので、物価の下落は実質的な下落となるのである。この強権による通貨措置の波及経路は、通貨の引上げ→需要の減少→市場価格の下落→流通必要貨幣量の減少→流通する通貨量の減少→商品生産の調整→商品価値の低下と考えるべきであろう。

おわりに

　ケインズ説は完全雇用の臨界点を境にしてそれ以上への通貨の増加が、価格の上昇のみを引き起こし、雇用や産出量を増加させないのに、それ以下への通貨の減少が物価の下落だけでなく、雇用および産出高をも減少させることを指摘して、インフレ・デフレの非対称性を主張した。それに対して、岡橋説は流通必要貨幣量を境にしてそれ以上への通貨の増加が価格標準の切下げとなり、物価の名目的騰貴を引き起こすのに、それ以下への通貨の減少が価格標準の切上げとならず、物価の実質的下落となることを主張して、インフレ・デフレの非対称性を明らかにした。

　理論的立場および視点の相異にもかかわらず、現象的に見るならば、臨界点以上への通貨の増加が物価の上昇のみを引き起こすのに、臨界点以下への通貨の減少が物価の下落だけでなく、実質的な変化を伴うと解釈するならば、両説は同一の主張をしていることになる。しかし、理論的立場の相異からその実質的変化に相異が生じてくる。ケインズ説は雇用および産出量の減少による限界生産費の低下となり、岡橋説は生産調整による商品価値の低下となる。また、観点の相異からは境界にあたる臨界点の相違が生じる。ケインズ説では実体経済の観点から見ているので、完全雇用となり、岡橋説では貨幣的観点から見ているので、流通必要貨幣量となるのである。

　岡橋説において指摘されているように、インフレーションおよびデフレーションは貨幣現象であるならば、インフレ・デフレの非対称性は貨幣的観点からとらえるべきであり、上昇する物価と下落する物価とに質的相異

があるとすれば、流通必要貨幣量を越えて流通に投入される過剰な通貨と流通から引上げられる通貨とには何らかの相異があると考えるべきであろう。投入される通貨は外生的通貨であり、引上げられる通貨は内生的通貨なのである。したがって、投入される通貨の購買力に基づく需要はまだ商品の裏付けのない仮想の名目的需要であり、通貨が流通に入り流通必要貨幣量に内包されることによって現実の実質的需要になるのに対して、引上げられる通貨の購買力に基づく需要は商品の裏付けのある現実の実質的需要である。そこにインフレ・デフレの非対称性という貨幣現象が現れる原因が求められるように思われる。

注

（1）拙著『貨幣措置と金融政策』旭図書刊行センター、2000、第一章。
（2）The Collected Writings of John Maynard Keynes, Volume Ⅶ, The General Theory of Employment, Interest and Money, Macmillan, 1973, p.298. ケインズ全集第7巻、塩野谷祐一訳『雇用・利子および貨幣の一般理論』東洋経済新報社、昭和58年、289ページ。
（3）J.M.Keynes, op.cit., pp.298-299. 上掲訳書、298-299ページ。
（4）J.M.Keynes, op.cit., pp.299-300. 上掲訳書、299-300ページ。
（5）J.M.Keynes, op.cit., p.301. 上掲訳書、301-302ページ。
（6）J.M.Keynes, op.cit., p.302. 上掲訳書、301-302ページ。
（7）J.M.Keynes, op.cit., p.301. 上掲訳書、300-301ページ。
（8）J.M.Keynes, op.cit., p.303. 上掲訳書、303ページ。
（9）岡橋保『貨幣論』春秋社、昭和32年、273ページ。
（10）岡橋保『金の価格理論』日本評論社、昭和31年、204ページ。
（11）岡橋保、上掲書、337ページ。
（12）岡橋保、上掲書、217ページ。
（13）J.M.Keynes, op.cit., p.301. 上掲訳書、301ページ。岡橋保、上掲書、337ページ。

第6章　M.フリードマン、A.J.シュワルツ『合衆国貨幣史 1867-1960』における帰結について

はじめに

　M.フリードマンとA.J.シュワルツは、ほぼ一世紀にわたるアメリカの貨幣ストックと経済活動に関する統計資料に基づき、貨幣・金融制度の変遷を踏まえて『合衆国貨幣史 1867-1960』という大著を1963年に公刊している。そして、この著作の最後の章において、かれらの実証的な歴史研究から帰納される四つの帰結が述べられている。これらの帰結はM.フリードマンの貨幣理論の理論構成にとって、またいわゆるマネタリズムの主張にとって重要な論拠となり、前提になっているのではなかろうか。そこで、それらの帰結について考えてみることにしよう。

　指摘されている帰結とはつぎの四項目である。[1]

1. 貨幣の変動と経済活動、貨幣所得および物価の変動との間には密接な関連がある。
2. 貨幣的変動と経済的変動との間には高度に安定した相互依存関係がある。
3. 貨幣的変動は独立の根源から生ずることが多く、経済活動のたんなる反映ではない。
4. 貨幣問題については、その外見からは欺かれることがあり、貨幣の重要な諸関係はしばしば目視される関係のまさに逆である。

　以上の四項目、すなわち貨幣ストックと他の経済変数との密接な関連、貨幣的変動と経済的変動との関係における安定性、貨幣的変動の独立性および貨幣問題における外見の欺瞞性について種々の事例を挙げて説明がなされている。ここでは、4の外見の欺瞞性という問題は除外し、1から3

までの項目を取り上げることにしよう。まず、かれらの帰結の根拠となっている事例を要約して説明することにしよう。挙げられている事例が多い場合にはそのなかから選択させていただくことにする。そして最後に、事実関係から、また理論的観点から見たならば、これらの帰結はどのように解釈されるべきであろうか、その論拠について若干のコメントを加えておこう。

1. 貨幣ストックと他の経済変数との密接な関係

　貨幣ストックと他の経済変数との間には密接な関係が存在することを例証するために、四つの時期に分けて事例を挙げている。それぞれの時期は、第一次・第二次世界大戦における戦中戦後のインフレーションの時期（1914～20年、1939～48年）、平和時における物価上昇の時期（1897～1914年）、経済の高度に安定していた時期（1882～92年、1903～13年、1923～29年、1948～60年）、広範な貧困と失業をもたらした不況の時期（1873～79年、1893～97年、1907～08年、1920～21年、1929～33年、1937～38年）である[2]。

　まず、第一次世界大戦における戦中・戦後のインフレーションについてみることにしよう。1914年7月に第一次世界大戦が勃発したが、当時、アメリカ経済は景気循環の下降局面であった。アメリカ自身はただちに参戦することなく、1917年4月ドイツに宣戦布告するまで中立の立場を維持した。その間、アメリカでは交戦国からの軍需品、食料、船舶輸送サービスに対する緊急需要、ならびに以前には交戦国から購入していた中立国によるアメリカ製造品に対する緊急な代替需要がインパクトとなって、1914年12月に景気の下降局面が終わり、景気の拡大へと向かうことになった。交戦国はアメリカから戦争遂行に必要な物資を輸入し、その支払を金の船積み、保有アメリカ証券の売却および私的資本市場における起債でまかなった。その結果、アメリカでは金が流入し、資本が流出することになり、物価は騰貴し、生産が拡大し、実質所得も増加した[3]。

第6章　M.フリードマン、A.J.シュワルツ『合衆国貨幣史 1867-1960』における帰結について

　アメリカの参戦以後においては、同盟国への物資の供給についてはアメリカ政府から信用が供与されることになり、また、アメリカ自体の戦費を調達するために資金の動員が行なわれた。かくて、同盟国への信用供与額は休戦までに73億ドルに達し、その後の二年間にさらに22億ドルが追加された。そのために、財政収支の赤字額は1919予算年度までに約230億ドルに達し、その額は1917年4月から1919年6月までの総支出320億ドルの4分の3を占めていた。その赤字額を補塡する財政資金は、政府紙幣の発行に頼るのではなく、連邦準備制度が財務省の発行する債券を購入し、連邦準備券および連邦準備預金をもって供給された。しかし、その結果は同じであり、インフレーションが引き起こされることになった。[4]

　第一次世界大戦は1918年11月に休戦協定が締結され、戦闘が終了した。戦争の終結は、軍需品に対する注文がなくなり、さらなる混乱が回避され、将来の見通しに関する不安も解消されることとなった。1918年9月にピークに達した卸売物価は、その後一時的にほぼ同一水準を維持し、さらに若干低下していたのであるが、それが1919年3月から戦時を上回るほどの急激な上昇を始めた。このときの物価騰貴は急速な在庫品の蓄積と商品投機にその特徴が求められた。1919年6月に金輸出禁止が解除され、その後、3億ドルの金流出が生じたのであるが、それにもかかわらず、ハイパワードマネーが増加し続けた。主として手形の再割引、部分的には政府証券の購入および銀行引受貿易手形の購入に基づく連邦準備銀行の信用供与残高がこの金流出量を越えていた。ニューヨーク連邦準備銀行における割引利率は1918年4月に3.5％から4％に引上げられて以来そのままに維持されていた。このことは他の連邦準備銀行についてもほぼ同様であった。この割引利率は市場利子率よりも明らかに低かった。かくて、銀行の貸付に対する需要が著しく増加し、投機的雰囲気が作り出されたのであった。この間、加盟銀行の資金運用は連邦準備銀行から借り入れられた準備金に基づいていたと想定され、1916年9月から1921年7月までの連邦準備銀行による手形割引は加盟銀行の準備金を超えていた。この貨幣量の増大がインフ

レーションに寄与したのである[5]。

　貨幣ストックは、1914年には緩やかな上昇に過ぎなかったが、1915年に入ってからはますます増大する比率で増加し始めた。そして、1920年6月における貨幣ストックは1915年9月の水準と比較するとほぼ2倍程度の増加となっている[6]。国民純生産については、貨幣所得が貨幣ストックと同じような変動をしており、1914年から1915年にかけては若干の増加にすぎなかったが、その後急激に増加して1920年には1914年の水準に比較して2.5倍にもなっている。1914年から1919年までの実質所得は、その増加に一時的中断があったにもかかわらず、急激な増加であった。しかし、1920年には実質所得が減少した結果として、その水準は1916年を僅かに上回る程度まで戻ったことになる。したがって、陰伏的物価指数は貨幣所得の増加率や卸売物価指数の上昇率よりは低く、その上昇率は2倍には達していない。卸売物価指数は、戦争の勃発から1915年第4四半期まではほぼ安定していたが、その後に急激な上昇が生じ、その上昇傾向の中で一時的下落もあったが、1920年5月まで上昇を持続し、その時点においては1915年9月の水準に比して2.5倍にも達していた[7]。

　平和時における物価騰貴の期間、すなわち、1897〜1914年については、第3節で再び取り上げることになるので簡略に述べるに留めよう。1890年以後、南アフリカ、アラスカ、コロラドにおける金鉱の発見、金の採掘および精錬技術の発達があり、世界全体の金ストックは1890年から1914年までに2倍以上に増加している[8]。アメリカにおける金ストックも増加し、その増加は貨幣ストックの増加となり、総貨幣ストックは1897年7月から増加し始め、1914年6月までに3.2倍になっている[9]。その年増加率は7.5%であった。この期間における物価の騰貴率は40〜50%であって、卸売物価は49%上昇し、陰伏的物価指数は40%の上昇であった[10]。国民純生産は、クズネッツの推計値によれば、時価でほぼ2.4〜2.6倍になり、実質所得が1.8倍程度増加している[11]。

　経済が高度に安定的であった期間については、1923〜29年を取り上げよ

第6章 M.フリードマン、A.J.シュワルツ『合衆国貨幣史 1867-1960』における帰結について

う。この期間においては、二つの景気の後退局面、すなわち、1923年5月～1924年4月および1926年10月～1927年11月の時期を含み、その間には一時的に経済の成長は阻止されたけれども、これらのリセッションも短期間であり、かつ軽微な影響を受けたにすぎなかったから、全体として見るならば、相対的に極めて安定した経済成長を達成した時期であったといえよう。卸売物価はほぼ水平な、ないし僅かに低下する傾向線のまわりを変動し、安定的に推移していた。また、実質所得も着実に上昇していたのであった。[12]

この間には、表11によれば、貨幣ストックは4％増加し、貨幣所得および実質所得がそれぞれ3.3％、3.4％ほど増加している。[13] 物価については、卸売物価指数が0.9％下落し、陰伏的物価指数が0.1％の低下であった。なお、貨幣の所得流通速度は0.7％の低下であった。これらの増減率からみるならば、貨幣ストックと貨幣所得との関係は、貨幣の流通速度の低下0.7％を考慮に入れるならば、ほぼ対応して増加していることになる。また、実質所得は貨幣所得を0.1％越えているに過ぎないし、卸売物価指数の0.9％低下をみるならば、物価が僅かに低下している状況のもとで、貨幣ストックの増加がほとんど所得の増加に寄与していることが分かる。

広範に貧困と失業とをもたらした不況の時期については、1920～21年について述べておこう。戦後インフレーションのところで述べたように、連邦準備制度の信用残高が増大し、また金輸出再開後には金の流出が増大した結果、金準備が減少したので、連邦準備局はその対応措置として1919年11月および12月に割引利率を引上げ、4$\frac{3}{4}$％とし、さらに1920年1月末から2月初めにかけて6％に達するまで引上げた。1920年中頃までは激しい不況の現れるような兆候はなかった。[14] 工業生産、製造業の雇用および支払賃金は1920年1月にピークに達し、それ以後下落に転じていたが、その下落は秋までは緩やかであった。貨幣ストックは1920年9月までは緩やかに増加を続けていたし、卸売物価も5月までは上昇率が低くなったとはいえ、まだ上昇し続けていた。しかし、それ以降、1921年7月の谷に至るまで、

経済活動は断崖を転げ落ちるよようような状態で急激に低下した。[15]

卸売物価は1920年6月から1921年6月まで下落し、1920年5月の水準に比して56％になるほどの落ち込みであった。しかも、この下落の4分の3は1920年8月から1921年2月までの6ヶ月の間に生じたのであったから、まさに急激な下落であった。また、工業生産、製造業の雇用および支払賃金など同類の指標も物価同様の急激な下落を見せた。国民純生産について1920年と1921年を比較すると、その減少率は名目所得で14％を越えており、実質所得では4％を上回っていた。貨幣ストックは1920年9月のピークから1921年7月の谷に至るまで絶え間なく下落をたどり、その後安定的に推移したが、1923年1月までに9％ほどの減少であった。歴史的にみると、貨幣ストックの変化は、景気の収縮が小さな場合には減少せず、むしろ増加する傾向にあることを考慮に入れるならば、9％の減少はかなりの減少であるとみなければならない。[16]

以上、四つの時期における経済の推移と物価、貨幣所得、貨幣ストック等の変動を要約してきた。戦中・戦後のインフレーションの時期および平和時の物価騰貴の時期においては、物価が上昇し、貨幣ストックが増大し、貨幣所得が増加している。経済が高度に安定していた時期には、物価が僅かに低下しており、貨幣所得および実質所得がほぼ同程度に増加し、両者の変動に対応した程度に貨幣ストックが増加していた。さらに、経済活動の収縮する不況の時期には、物価が低落し、工業生産の低下が生じ、製造業の失業が増加し、貨幣所得と実質所得も減少し、貨幣ストックは減少していた。したがって、貨幣ストック、経済活動、物価、貨幣所得の変動は相互に、かつ密接に関連し合っていることは明らかであり、貨幣ストックはこれらの経済変数と密接な関連があるといえよう。

2．貨幣的変動と経済的変動の関係における安定性

前節で述べたように、貨幣と他の経済変数との関係は極めて密接であっ

第6章　M.フリードマン、A.J.シュワルツ『合衆国貨幣史 1867-1960』における帰結について

たのであるが、それだけではなく、両者の関係は形態においても、性質においても、高度に安定性を保持している。その事例として四つのことが挙げられている。すなわち、アメリカとイギリスとにおける相対的な物価変動、貨幣ストックと貨幣所得との関係（貨幣の所得流通速度）、貨幣ストックと経済活動の循環運動との関係およびその他の事例であり、以下、それらについて順次述べていこう。

　貨幣的変動と経済的変動との関係における安定性に関する顕著な事例として、まず、ドルとポンドとの為替相場の変化で調整された両国の相対的な物価変動である。イギリスのポンドに対するアメリカのドルの購買力平価は、1871年から無理のない連続的な系列が得られるのであるが、同年から1949年までの76年間について見るならば、その間には、アメリカの経済発展と経済構造の変化、世界経済におけるイギリスの地位の変化、両国における国内貨幣構造の変化、ならびに両国を結びつける貨幣的協定の大きな変化などがあったし、さらに、第一次および第二次世界大戦という大規模な戦争も起こったのであった。しかし、このような大きな変化にもかかわらず、また、物価指数の計算上の誤差があるにもかかわらず、1929年を100としたポンドに対するドルの購買力平価指数は、1932年を除き、111と84との間で変動していた。したがって、それはかなり安定しているとみることができよう。1932年が117.5と例外的に高かったのは、イギリスが1931年秋に金本位制を離脱して平価切下げを実施したので、その影響の現れた結果であったのであろう。[17]

　アメリカがほぼ自給自足に近い経済であると常日頃から考えられがちであるが、欧米世界は経済的に統合されており、アメリカの物価と外国の物価とが共通の通貨で表現される場合には、前者は後者から独自に変動できる自由度を全くもたないほどに密接な関係があった。価格関係はどんな方法によって、すなわち、国内物価の変化によって、あるいは外国為替相場の変化によって形成されてくるのか、という形成方法の方がどんな価格関係になってくるのか、という形成される価格関係よりも自由度をもってい

た。考察の対象となった期間には、関税が幅広く変更され、大量の金が貨幣当局によって計画的に購入され、また資本移動の方向がおびただしく変化したにもかかわらず、ある程度に国際収支の均衡をもたらすために必要な価格関係は根本的には変わらなかったのである。[18]

　つぎに、貨幣ストックと貨幣所得との関係（貨幣の所得流通速度）が事例として挙げられている。アメリカ国民の実質所得が増大し、銀行が各地に広く普及してきて、銀行預金がさらにもっと便利なものになってくると、国民によって保有される貨幣量はその所得に比して決定的により多くなってきた。すなわち、貨幣の所得流通速度は長期的に低下してきているのである。国民によって保有される貨幣量は、1869年には3ヶ月分の所得額より以下であったが、1960年には7ヶ月分の所得額以上になってきている。かくて、貨幣の所得流通速度は1867年から1960年までのほぼ90年間に4.57から1.69まで着実に低下する傾向をたどってきた。その低下は、1880年代および1890年代の初期には物価が下落していたので幾分早く、また1897年から1914年までは物価が上昇していたので幾分緩やかであった。例外として挙げられる時期は1930年代の大不況の間とそれ以後および第二次世界大戦の間とそれ以後である。貨幣の所得流通速度は1933年から上昇し、1938年から下落したのであったが、戦争中に再び上昇し、戦後には下落している。全期間を通じて見ると、その年平均低下率は1％を少し上回る程度であった。[19]

　貨幣の所得流通速度の短期的変動を見ると、それは、景気循環の波動に対応して長期的傾向のまわりを拡張期には上昇し、収縮期には下落するという規則正しく安定した変動を繰り返している。先に例外として挙げた大不況後についても部分的にはこのパターンに合致すると見ることができるのであり、景気循環の波動があまりにも大きかったので、変動が大きかったにすぎなかったのである。したがって、貨幣の所得流通速度は、景気の拡張期にはその年平均より低い率で上昇、ないし下落し、景気の収縮期には年平均より高い率で低下した。その循環運動における振幅は経済活動の

第6章 M.フリードマン、A.J.シュワルツ『合衆国貨幣史 1867-1960』における帰結について

循環運動における振幅と共に変化する傾向にあった。経済活動における多くの循環運動の振幅がほぼ同じであったので、貨幣の所得流通速度における多くの循環運動の振幅も同様であった[20]。

貨幣の所得流通速度に関しては、長期的傾向、首尾一貫した循環パターンおよび推計上かなりの誤差があったのにもかかわらず、その年々の変化率は、観察された91年のうち78年については10%以下であったし、それより大きかった残り13年のうち半数の年は大不況と二つの世界大戦の時期にあたり、最大の変化率でも17%であった。また、長期トレンドを基準100として、貨幣の所得流通速度の変化をパーセンテージで表現するならば、その変化は、53年が90から110までの間に、66年が85から115までの間に収まり、残りの25年については、12年が最初の15年間の時期にあたっているので、所得の算定に非常に欠陥があったし、7年が大不況と二つの世界大戦の時期にあたっている[21]。

さらに、高度に安定的であった貨幣的関係の事例として、貨幣ストックにおける変動と経済活動における循環運動との関係が挙げられている。経済活動における変化は必ず貨幣所得の変動となって現れると考え、経済活動の一つの指標として貨幣所得をとらえ、貨幣ストックの変化と貨幣所得の変化とを比較するならば、両者をそれぞれ平均してみると、貨幣ストックのほうが貨幣所得よりも高い上昇率を示している。このことは貨幣の所得流通速度の長期低下傾向を他の側面から表現したものにすぎない。また、貨幣ストックと景気循環との関係をみると、貨幣ストックの上昇は、景気循環の拡大局面において通常よりも早くなり、景気循環の収縮局面において通常よりも遅くなっていた。さらに、その上昇率を見るならば、上昇速度は、景気のピークになる以前に遅くなり、景気の谷になる以前に速くなる傾向をもっている。これらの変動形態は、データの示されている全期間について、もっとも前の景気循環からごく近い景気循環までいえる支配的傾向であった[22]。

それらに加えて、他の事例として三つのことが指摘されている。1878年

には正貨兌換再開に備えるために、また1933年には国内物価を引上げるために実施された金購入プランがその後に同一の結果をもたらしていること、預金・通貨比率が流動性問題のシグナルとして信頼できることおよび二つの世界大戦後における卸売物価の最初の変動パターンが同じであることである。

まず、金購入プランについてみよう。1875年1月に正貨兌換復帰法が制定され、J.シャーマンが1877年3月に財務長官になってから、正貨兌換に備えて金準備を増強するために、財務省は金の購入を開始した。そして、1879年1月に正貨兌換が再開されたのであったが、同年3月には景気の谷が現れ、その後1882年まで急激な拡大に向かった。1879年から1882年までの期間についてみると、貨幣ストックは50%以上増加し、陰伏的物価指数は10%の上昇であったし、また卸売物価指数は12%を上回る上昇率であった。国民純生産はきわめて急速な上昇をとげ、時価で35%を超え、一定価格ではほぼ25%であり、年率に換算すれば、それぞれ10%および7%の上昇であったことになる。

ニューディール政策のもとでは、大不況によって下落した商品価格水準を、とくに激しく下落した農産物および原材料の価格水準を引上げるために、政府は金市場に介入して価格を引上げようとした。復興金融会社は1933年10月から国内で採掘された金を購入するだけでなく、外国からも金を購入することによって金価格の引上げを行なった。そして、1933年1月末にドルの金平価切下げが実施され、金1オンス35ドルの固定価格が設定されて、ドルの金重量は以前の59.06%へ引下げられた。景気の谷は1933年4月にすでに達していたが、その谷からつぎのピーク1937年3月までに、貨幣ストックは53%増加し、年率に換算すると、11%の増加率であり、卸売物価指数はほぼ50%の上昇であった。なお、陰伏的物価指数は11%の上昇にすぎなかった。国民純生産は、1933年から1937年までに、名目で76%、実質で59%増加し、年率に換算すると、14〜12%ほどの高い成長率であった。

第6章 M.フリードマン、A.J.シュワルツ『合衆国貨幣史 1867-1960』における帰結について

つぎに、流動性問題のシグナルとして預金・通貨比率が信頼に値することについては、流動性問題が生ずるならば、公衆は資産の安全性を考慮して預金を通貨に転換することになるから当然であろうが、大戦間期における景気の収縮期にあたる二つの時期について事実関係をみることにする。1920年1月～1921年7月においては、預金・通貨比率は、景気のピークである1月には7.05であったが、それから順次下落し始め、同年10月には6.44まで下落したが、それ以後上昇に転じ、景気のピークにあたる1921年7月には7.00にまでなった。また、1929年8月～1933年4月については、預金・通貨比率は、1929年10月の株式価格の暴落後に一時的に低下し、10月の11.57から11月の10.69になったが、その後徐々に上昇し、1930年10月の11.54から下落し始め、第一次および第二次金融恐慌、さらにイギリスの金本位制放棄を経て下がり続けた。その後若干の変動はあったけれども、第三次金融恐慌以後に急激に低下して1933年3月には4.44にまでなり、それから上昇傾向に転じている。[29]

さらに、二つの世界大戦勃発後における卸売物価の最初の変動が同じパターンを示していることが指摘されている。アメリカは第一次世界大戦の勃発した1914年7月末から中立の立場を維持し、1917年4月初めに戦争に参加したのであった。卸売物価は、戦争勃発直後に上昇したけれども、その後すぐに下落し、そして1915年第4四半期まではほぼ安定的に推移していたのであったが、しかし、その時以降急激な上昇をたどっていった。貨幣ストックは1914年を通じて緩やかに増加していたが、1915年初めからその増加率を高めて11％になり、1915年末から1917年中頃までもっとも急激に増加している。[30]第二次世界大戦においては、アメリカは、ヨーロッパで戦争の勃発した1939年9月から1941年12月の対日宣戦布告までは戦争に入らず、その時から全面的に戦争に参加することになった。卸売物価はヨーロッパにおける戦争の勃発によって一時的に跳ね上がったが、その後には一年間にわたってほぼ安定的に維持され、[31]1940年秋以降から上昇に転じている。1939年8月から1941年11月までの期間に卸売物価は23％上昇したが、

その上昇のほとんどが1940年9月からの15ヶ月間に起こり、その上昇率は20%であった。貨幣ストックついては、その増加率は1940年秋から1941年11月まで16%であり、中立の全期間では29%であった[32]。

考察の対象になっていた期間には、アメリカの貨幣・金融制度にはかなりの変化が生じてきたし、その貨幣・金融制度における変化は貨幣ストックを決定する諸要因に顕著な影響を及ぼしてきた。しかし、それにもかかわらず、これまで説明してきた具体的な諸事例から明らかなように、貨幣的変動と経済活動の変動との関係はきわめて安定的に推移してきているのであった[33]。

3．貨幣的変動の独立性

貨幣的変動と物価や所得などの経済変数の変動との間には密接な関係があることは、すでに第1節で事例を挙げて説明したのであるが、しかし、両者が密接な関係にあるとしても、どちらの方が独立に変動して他の方に影響を及ぼして変動させていくのかは定かではない。貨幣的変動が独立に生じて他の経済変数に影響を及ぼしていくのか、他の経済変数が独立に変動して貨幣的変動を引き起こすのか、あるいは、それら以外の第三の要因が貨幣的変動と他の経済変数の変動を引き起こすのか、いずれの場合も考えられるからである。けれども、貨幣史の研究によって具体的に事例を検討するならば、貨幣的変動が独立に生じ、その変動が物価や所得などの他の経済変数へ影響を及ぼしていくことが明白になり、変動を及ぼしていく方向は貨幣から他の経済変数へという方向であるということになる[34]。

もっとも明白な事例として挙げられているのは、1897年から1914年までの貨幣ストックの増大である。アメリカの金ストックは、1896年6月には5億200万ドルであったが、1897年6月に5億9,100百万ドルに増加し、その後、この増加は他の諸国より急速になり、年平均6.8%で進行し、1914年には18億9,100万ドルにも達した。かくて、全世界の金ストックに占め

第6章 M.フリードマン、A.J.シュワルツ『合衆国貨幣史 1867-1960』における帰結について

るアメリカの割合は、1897年には14％にすぎなかったが、1914年には4分の1にもなった。金ストックの増加はハイパワードマネーの増加となり、預金・準備金比率および預金・通貨比率を介して総貨幣ストックを増加させることになる。ハイパワードマネー、預金・準備金比率および預金・通貨比率の年増加率はそれぞれ4.9％、1.0％および1.4％であった。かくて、貨幣ストックを増加させた主たる要因はハイパワードマネーであり、その増加に占める割合は金が62％、国法銀行券が25％であるから、二つを合計すると87％になる。したがって、金および国法銀行券の増加がハイパワードマネーを増加させ、貨幣ストックを増加させた主たる要因であったといえる。[35]

この期間を分割してもっと詳しく変動を見ていくと、1897年6月の谷から1902年9月のピークまでについては、この間に1899年6月から1900年12月までの景気後退期があったが、全体を通じてみると、貨幣ストックは年々増加し、80％に近い増加となり、卸売物価は32％ほど上昇した。一定物価での国民純生産は1896年から1902年までに45％増加し、年増加率が6％を越えており、1902年末には景気が下降期に入ったが、それにもかかわらずさらに増加し続けた。[36] 1902年から1907年までの期間については、卸売物価は、1906年末まで一定水準のまわりを変動したにすぎなかったが、その後急激な上昇に転じ、1907年9月には1902年の水準を10％も上回るほどになった。貨幣ストックは堅実に増加を続け、1907年6月には5年前の水準よりも45％増加していた。また、国民純生産は、1902年から1903年にかけて時価で6％、一定物価で5％というほどの急激な増加を記録し、それから1904年までには時価で不変、一定物価で2％の減少であったが、その後3年間においては時価で33％、一定物価で23％の増加であった。[37]

1907年5月から1908年6月までの景気の下降期には、陰伏的物価指数は変わらなかったが、卸売物価は5％下落した。産出高や雇用も激しく減少し、1907年から1908年にかけて国民純生産は時価および一定物価の双方において11％を超える減少であった。この期間における経済活動は10月に起

こった金融恐慌を境にして異なった様相を呈した。1907年5月から8月までは、物価は上昇していたし、生産は頭打ちになったけれども減少しなかった。積載貨車数は減少せず銀行決済も安定していた。ただ、金の輸出入に関しては、輸入が輸出に変わった。金融恐慌に対処するために、銀行間の協定が結ばれ、預金から正貨および通貨への支払いが制限された。貨幣ストックは1907年5月から9月まで2.5％の減少であったが、同年9月から1908年2月まで5％の減少となった。不況は深化し、生産、積載貨車数、銀行の手形交換高は著しく低下したが、しかし、銀行の支払制限が1908年初めに撤廃され、その数ヶ月後には景気が回復に向かうことになった。(38)

貨幣ストック、貨幣所得、実質所得および物価は景気の回復によって上昇に向かったが、1910年1月にピークに達し、その後1912年までリセッションが続くことになった。まず、貨幣ストックの増加率が鈍化し、それに伴って卸売物価の激しい低下が生じた。しかし、国民純生産はこの間には低下せず、その増加率が遅くなったに過ぎなかった。景気の後退は1912年1月に谷に達し、景気の上昇に引き継がれたが、その拡大は1913年1月に終わった。卸売物価は1911年央に谷に達し、1912年10月まで上昇し、それから1915年までほぼ一定水準のまわりを振動した。貨幣ストックは、1910年と1913年にはその増加に遅滞があったけれども、1909年から1914年まで着実に上昇をとげていた。一定物価による国民純生産は、1911年から1913年まではかなり活発に上昇したが、1913年1月からの景気の後退によって減少に転じ、さらに、ヨーロッパの戦乱による不安と混乱がその減少をさらに強め、1914年までかなりの低下となった。(39)

第一次および第二次世界大戦における貨幣ストックの増加に関する事例については、開戦後の早い時期に交戦国が動員可能な資金をもってアメリカから軍需品を購入することになったので、その結果、金の流入が増加し、ハイパワードマネーの増加、さらには貨幣ストックの増加となった。したがって、アメリカにおける貨幣ストックの増加は、国内および外国における経済活動の活発化によるものではなく、交戦国政府によって決定された

第6章 M.フリードマン、A.J.シュワルツ『合衆国貨幣史 1867-1960』における帰結について

政策に基づく結果にほかならない。また、アメリカが参戦した戦争の後期においては、貨幣ストックの増加は、自国と連合国の戦費を調達するために合衆国政府が金融するという政策決定による結果であった。したがって、貨幣ストックと物価および貨幣所得における共通の変動が同時でないならば、また、共通の原因による結果でないならば、影響の作用方向は貨幣から所得へでなければならない。[40]

第一次大戦期を例にとってみると、アメリカが中立の立場をとっていた時期には、交戦国はアメリカから軍需品等の物資を購入し、輸入超過となったので、その支払のために、10億ドルを越える金がアメリカへ船積輸送され、国民保有のアメリカ証券14億ドルが強制的に政府へ移管されて売却され、アメリカに対する国民の短期貸付が5億ドル減少させられ、さらに、アメリカ金融市場において24億ドルが借り入れられた。[41] その結果、アメリカにとって金保有量が増加し、ハイパワードマネーが増加した。ハイパワードマネーの増加のうち87％を金ストックが占めていた。そして、総貨幣ストックは46％の増加となり、そのうち90％がハイパワードマネーの増加であり、残りの部分は預金・準備金比率および預金・通貨比率の上昇に基づくものであった。卸売物価については、戦争勃発から1915年第4四半期頃まではほぼ安定していたが、1916年から1917年にかけて急激に上昇している。この期間における上昇率は65％にも達した。また、時価での国民純生産は1914年から1915年にかけて緩やかな増加であったが、その後急速な増加に変わった。一定物価での国民純生産は、1914年から1916年まで急速に増加し、その後一休止があって、1917年から再び急速な増加になった。[42]

アメリカの参戦後には、アメリカ政府は連合国の物資購入に対して信用を供与し、自国軍隊の出動のために支出を増やさなければならなかったので、増税したにもかかわらず、戦争状態が続いた期間には財政支出がその収入を大幅に上回った。財政収支の赤字は、1918年11月の休戦後にも持ち越され、さらに1919年にわたって続けられたので、1917年4月から1919年6月までに総計約230億ドルに達し、この間の総支出約320億ドルのおおよ

そ4分の3を占めた。その赤字額を補塡するための金融は借入れと貨幣の創造によってまかなわれた。かくて、連邦準備制度は、事実上、財務省証券を購入する窓口と化し、その目的のために貨幣能力をもっぱら行使することになった。政府紙幣の発行という方法はとられなかったけれども、連邦準備券および連邦準備預金の利用という間接的方法によって財政赤字に対処したのであった。[43]

1917年3月から1918年11月までの期間には、ハイパワードマネーは33％増加し、貨幣ストックの増加は18％であった。卸売物価の上昇は23％ほどであった。また、貨幣所得も実質所得もともに1917年から1919年にかけて急速な増加であった。かくて、1914年6月から1920年5月までの全期間については、貨幣ストックは115％の増加であり、卸売物価は147％上昇し、時価での国民純生産は1920年には1914年の1.8倍にまでなっていた。[44]

1870年代における正貨兌換復帰に対する賛成・反対の圧力および1890年代における銀の自由鋳造の復活運動に関する事例は、貨幣的変動の独立性を明らかにするとともに、貨幣的変動と景気の変動との間にはかなり複雑な作用と相互作用があることも明らかにする。両者は事態の推移を具体化していく過程で重要な要因であったが、当時の経済活動の過程からある程度独立していた。しかしまた同時に、それらの運動は当時における事態の推移や事件によって影響を受けていた。すなわち、景気の減速ないし低下、国内および海外における農産物の収穫状況、1870年代における鉄道の発達、1890年代におけるロンドン貨幣市場の発達はそれらの政治的圧力に影響を与え、それらの政治的圧力が貨幣的攪乱を引き起こし、その貨幣的攪乱が景気の状況や政治姿勢に反作用を及ぼしていた。[45]

正貨兌換復帰に関しては、南北戦争の終了直後にはグリーンバックを流通から引き揚げ、通貨の収縮によって正貨兌換に復帰することには、政府、議会は勿論、一般大衆に至るまで意見の一致をみていた。しかし、戦後の激しい物価下落と事業活動の低落が生ずると、政治情勢に変化が生じ、議会ではグリーンバックの引揚げを中止し、また、政府債券の支払に金に替

第6章 M.フリードマン、A.J.シュワルツ『合衆国貨幣史 1867-1960』における帰結について

えてグリーンバックで支払うことが提案されたが、その提案は不成功に終わり、1869年3月には、正貨以外の支払を明記して発行された証券を除き、証券の償還は正貨で支払うことを規定した法が可決された[46]。しかし、その後においても通貨の収縮をめぐって公開の論争が続けられ、ワシントンにおいては、1868年までに引き揚げられた4,400万ドルの通貨を財務省が再発行する権限をめぐって両政党間で論争が行なわれた。民主党はその権限を支持しようとし、共和党はその権限を否定しようとしたのであったが、しかし、その主張は必ずしも政党によって明確に区切られていたわけではなかった。というのは、共和党によって任命された財務長官がこの権限を行使していたからである[47]。

さらに、1873年9月に銀行パニックが起こり、その後に経済の収縮が生ずると、グリーンバックの発行増加を企てる動きが再燃した。1874年には、1876年1月1日までに正貨兌換復帰を要求する法案は、グリーンバックの発行拡大を要求する法案に替えられ、両院において可決されたのであったが、それは大統領によって拒否権を行使され、グリーンバックの最高発行限度額を決めた1874年6月20日の法として引き継がれた[48]。

1874年の議会選挙においては、共和党は議席を失って敗北し、下院をコントロールできない状況になったが、新議会の開かれる以前の1775年1月14日に、議会は正貨兌換復帰法を可決し、これまでの方向を逆転させ、1879年1月1日までに戦前平価で正貨兌換に復帰することを明確にし、そのために余剰収入による金の購入によって金準備を増強し、さらに債券を販売する権限を財務長官に与えたのであった。しかし、当時においてはその効果はほとんどなく、かえって正貨兌換復帰に反対する運動を強める結果となった。1877年末には下院で正貨兌換復帰法を破棄する法案が可決されたのであったが、上院ではそれが否決された。さらにまた、1878年5月1日の法ではグリーンバックを流通からこれ以上引き揚げることが禁止されたが、それでも、1879年1月1日までに正貨兌換を実施する公約は変更されなかった[49]。

このように、グリーンバックの変動は、上述の立法措置の結果であったし、また、認可された数量のうちで、財務省がその必要性の緊急度に基づいてどれだけ保有するかを決めた政策の結果であった。この間におけるハイパワードマネーの変動は、グリーンバックと正貨兌換とをめぐる政治闘争の反映であった。その変動が穏やかで、その総量がほぼ一定であったのは、政治的均衡に近い状態が維持され、その状態が安定的であったからであった。[50]

　銀の自由鋳造の運動に関しては、1873年2月12日、貨幣鋳造所、鉱石分析所および貨幣鋳造に関する法を改定および修正する法が議会で議決され、本位貨幣としての銀貨鋳造が停止されてしまった。多くのヨーロッパ諸国では金本位制が採用され、貨幣としての銀の使用が減少したし、またアメリカ西部において豊富な銀鉱が開発されたので、その結果、銀の価格が低落した。かくて、銀生産者達は、以前の法のもとでは銀を鋳造所に持ち込み、利益をあげることができたのに、新法のもとではそうすることができなくなって不利益をこうむった。[51] そこで、かれらは銀の自由鋳造を1：16の金銀比価で要求し、また、中西部および南部の債務を有する農民たちは、銀の自由鋳造制になると貨幣供給が増加し、物価が騰貴するのでかれらの債務が軽減されるであろうという考えに基づいて、銀生産者達の要求運動に加わった。1876年の夏には多くの銀法案が下院に提案されたが、これらの法案は上院では審議されなかった。1877年になって上院は、下院の法案における銀の自由鋳造の条項を修正してそれを下院に送付した。下院では不本意ではあったけれども、送付された法案が議決されたのであった。この法が1878年のブランド・アリソン法であり、財務長官に月200万ドルから400万ドルまでの間で銀を購入することを定めたが、銀の自由鋳造制は認められなかったので、自由鋳造制を要求する勢力にとっては不満が残る結果となった。かくて、この運動は情熱的に続けられ、1890年には政治活動化してシャーマン法の制定となった。この法では銀の買上額がブランド・アリソン法の2倍になり、その支払のために財務省証券が発行され、そし

第6章 M.フリードマン、A.J.シュワルツ『合衆国貨幣史1867-1960』における帰結について

て、この証券が法貨と認定され、財務長官の裁量により銀ないし金で償還されることになっていた。なおこの法の有効期限は3年と定められた。[52]

財務省による銀の買上げはシャーマン法に基づき急激に増加することになった。1891〜1893会計年度の3年間において、銀ドルおよび1890年財務省証券への追加額は1億6,800万ドルにも達した。国法銀行券は減少しなかったが、財務省の保有現金は1億700万ドルほど減少した。かくて、この3年間における財務省の貨幣行動はハイパワードマネーに対して2億7,500万ドルの増加に寄与したことになる。しかし、ハイパワードマネーが現実に増加したのは1億5,400万ドルであった。財務省の寄与額と現実の増加額との差は金生産をはるかに越える金の純輸出であった。[53]

連邦準備制度が1914年に設立されたことによって、貨幣研究者は管理された実験により近い、それに代替できる経験的事実をうることができるようになったのであるが、そのなかで、決定的な実験に相当する、目立った貨幣的記録がある。連邦準備制度は当時の貨幣所得や物価の変化による必然的で不可避的な結果とは考えられない政策をとった時期があった。[54] その時期として挙げられている三つの事例のなかから二つの時期、1920年1月〜6月および1936年7月〜1937年1月を取り上げ、説明することにしよう。

1920年1月〜6月の期間には連邦準備制度の激しい引締政策が行なわれた。公定歩合は1月に$4\frac{3}{4}$％から6％へ、また、加盟銀行の連邦準備銀行借入金がその準備金残高以上になった時点、すなわち、6月にはさらに7％まで引上げられた。[55] 連邦準備銀行の信用残高は8月（未調整データでは10月）まで上昇したが、その後急激に低下し、1年も経たないうちに半減するまでになった。加盟銀行の連邦準備銀行からの借入れは激しく減少し、加盟銀行の顧客への貸付も同様に減少した。連邦準備銀行の信用残高の収縮は、1920年第2四半期以降の金の流入によって相殺されたにもかかわらず、1920年9月から1921年7月の谷までに、ハイパワードマネーの総額を約11％減少させ、貨幣ストックを8％ほど減少させることになった。貨幣の収縮は銀行破産を増加させ、5月にピークに達した卸売物価はその後2

ヶ月間徐々に低下していたが、以後急激に低下して1921年6月までにピーク時の56％にまで下落した。工業生産および製造業の雇用は1920年秋以降崖から転がり落ちるかのように急激な低下となった。(56)

1936年7月〜1937年1月の時期については、財務省が大規模な公開市場操作に相当するような金不胎化政策を実施しているときに、連邦準備局は銀行の超過準備が引き起こしかねない弊害、すなわち、将来起こりうる管理できない信用拡大を予防しておくために、1936年7月および1937年1月に支払準備率の引上げを公表し、それぞれ1936年8月、1937年3月および同年5月に実施した。支払準備率は以前の2倍にまで引上げられた。その結果、貨幣ストックは1937年3月にピークに達し、その後下落に転じたし、また、景気も同年5月にピークを迎え、以後下降していくことになった。そして、3月および5月の支払準備率の引上げは財務省証券、長期政府債券および私的債券の激しい下落となった。卸売物価は景気のピークから谷までほぼ10％の下落であったが、工業生産は12ヶ月のうちに34％も低下したのであった。(57)

1929〜31年においては、連邦準備制度の引締政策は行なわれなかったが、この間の経済収縮を検討することによって、貨幣的変動の結果として経済的変動が生ずるという推定が現実に妥当であることを補強できる。この期間には貨幣ストックは3分の1に減少し、激しい経済収縮が起こったにもかかわらず、連邦準備制度はその経済収縮を阻止することができなかった。経済が激しく収縮した原因に関して、連邦準備制度は、経済を収縮に向かわせる実物的諸力が強力に作用したのでその流れを阻止できなかったと主張し、暗黙のうちに、景気の急激な低落によって貨幣ストックの激しい減少が生じたという認識を示していた。また、連邦準備制度以外の一般の人びともこの考えを容認し、経済の急激な収縮は金融政策の無能のせいではないという風潮が醸成された。そして、当時においては国内経済の安定よりも金本位制の維持と為替相場の安定が優先される状況にあったし、経済活動の低落は以前の投機による過度の行き過ぎを是正する望ましい動向で

第6章　M.フリードマン、A.J.シュワルツ『合衆国貨幣史 1867-1960』における帰結について

あると考えられ、また1930年の末に起こった多数の銀行破産についても、金融制度を人為的に支えるよりも、不健全な銀行の整理を自然の成り行きに任せる方が望ましいという態度であった[58]。

　このような世論の風潮は、有能で、公共心のある人びとの行動が誤った方向にむかったこと、連邦準備制度の外で政治家の経済的政治手腕が顕著に欠如しており、確立した学識に基づいて異なった行動をとるように制度へ圧力をかけられなかったことを説明するためには役立つけれども、連邦準備制度のとった行動は、世論の風潮よりもむしろ偶然の事件の結果であり、また制度内で続いた権力闘争によるものと考えられる。そのことはともかくとして、そのような状況のなかである程度管理された実験が行なわれたという説明の理由にはなるとしても、その実験の結果を説明するものではない[59]。

　1929～33年の経済収縮過程のあらゆる時点において、連邦準備制度は貨幣ストックの減少を阻止できたばかりでなく、望ましいどんな増加率でも貨幣ストックを拡大することができた。このような政策は、制度が初期の数年間にとったある種の措置、制度の設立者達が1930年から続いた金融恐慌のような事態に対処するために考えたある種の措置に含まれている。そして、その政策は現実に提案された措置であり、若干異なった官僚機構や権力分散のもとでも、あるいは、権力者達が若干異なった個性を持っていたとしても、明らかに採用可能な措置であった。また、金本位制との関連でいえば、その政策は1931年末までは金本位制の維持と対立するものではなかった。というのは、当時においては流入する金をいかに制度の管理下に置いておくか、が問題であったからである[60]。

　1907年の金融恐慌と1930年末に始まった金融恐慌とが極めて類似していることを考えると、もし、1930年末まで連邦準備制度以前の銀行制度が機能していて、その他のすべての事が当時と同様に推移していたと仮定するならば、1907年の恐慌の経験が生かされ、銀行破産に対しては1930年当時よりもっと厳しい反応が最初にあったであろう。多分、預金から通貨への

交換を制限することもそのなかに含まれていたであろう。その制限は、1930年末から1931年にかけての金融恐慌の特徴であった銀行制度への持続的圧力よりさらに激しい最初の影響が経済の収縮を深化させたかもしれなかったが、しかし、そのことによって、恐慌の広がりが短縮され、銀行破産の累積が阻止され、そして、1907年の金融恐慌後がそうであったように、数ヶ月後には経済の回復が可能になったであろう[61]。

したがって、当時の状況から判断するならば、1929〜31年において連邦準備制度がとった行動は、理解可能であり、また、心理的、政治的に避けられなかったとはいっても、貨幣ストックが連邦準備制度の明白な制限措置から生じた結果でなかった収縮の初期段階、すなわち、1929年から1931年にかけての期間についても、当時の所得および物価の推移から見るならば、その収縮は貨幣的変動の独立性に関する強固な追加証拠となりうるといえる。つまり、連法準備制度は貨幣ストックを増加させることができたし、増加させるべきであったのに、その政策を実施しなかったので、激しい恐慌となってしまったからである[62]。

考察されたほぼ一世紀の間に貨幣制度は変わってきたにもかかわらず、貨幣の変動と他の経済変数の変動との関係は安定していた。この対照的な事実は貨幣から所得に向かう独立した重要な影響が存在することによって説明可能になる。貨幣制度の変化はそれに対応して貨幣の運動自体に変化を引き起こすけれども、他の経済変数に影響を与えなければ、影響の経路が貨幣から事業へであるとすれば、貨幣制度が変わっても、貨幣の変動と事業の変動との関係が変わらなければならない理由は存在しない。両者の関係は影響を与えていく経路によって決められてくるのであり、その経路が変わらなければ、両者の関係は変わらないことになる[63]。

これに反して、影響の経路が逆に事業から貨幣へであったと仮定するならば、貨幣制度が変化した場合には、その変化は貨幣の変動様式にだけでなく、貨幣と他の経済変数との関係にも影響を及ぼしたであろう。その理由は、異なった貨幣制度のもとでは、事業の変動が貨幣ストックに異なっ

第6章 M.フリードマン、A.J.シュワルツ『合衆国貨幣史 1867-1960』における帰結について

た影響を与えていたはずであったからである。具体的に例示すれば、1914年以前の金本位制においては、アメリカの事業の拡大→国際収支の赤字→金の流出→貨幣ストックへの下方圧力という連鎖反応が起こりがちであった。しかし、1914年以後においては、この連鎖反応は、1920年代には連邦準備制度の、また1930年代には財務省の金不胎化政策によって切断されたし、さらにその後の時期には金本位制の質的変化によって弱められた。つぎに、事業の拡大が利子率を上昇させ、銀行業務を拡大させることは、1914年の以前にも以後にも同様であるが、1914年以前においては、利子率の上昇は預金・準備金比率の上昇を通じて、あるいは外国からの資本流入を促し、金の流入を通じてのみ貨幣ストックを増加させた。しかし、1914年以後においては、利子率の上昇はまた銀行が連邦準備銀行からより一層多く借り入れることによっても貨幣ストックを増加させることができた。このように、支配的な影響の方向が事業から貨幣へであると想定するならば、両者の結合関係やその他の関係の変化が、1914年以前と以後とでは、また期間をさらに細分した場合においても、事業の変動と貨幣の変動との間に異なった関係を生じさせていたはずであった。(64)

かくて、支配的影響の方向は明らかに貨幣から事業へであるが、しかしまた、とくに景気循環と関わる短期的運動においては、逆の方向への影響もまた存在する。その例をあげれば、預金・準備金率の循環パターンがそうであり、さらに、正貨兌換復帰と銀問題、1919年のインフレーションおよび1929〜33年の経済収縮において、事業から貨幣への反射的影響の局面が明らかに現れた。したがって、貨幣ストックの変化は事業から独立した原因でもあり、かつ貨幣所得および物価の変化の結果でもあるということになる。そして、結果としての貨幣ストックの変化はさらに貨幣所得と物価に影響を及ぼしていくのである。両者は相互に作用しあう関係にあるが、長期の運動や大きな循環運動においては、貨幣は貨幣所得および物価より明らかに上位に位置する相方であり、短期の、そして穏やかな運動においては、貨幣は貨幣所得および物価により身近な同等の相方なのである。そ

して、このことこそがこの研究の帰結なのである。(65)

4．帰結の論拠

　これまでに三つの帰結に関して指摘されている事例を要約して説明してきたが、以下においては、歴史的研究における事実関係から導き出されたこれらの帰結についてその論拠を考えてみることにしよう。

　第一の帰結は貨幣ストックの変化と経済活動、貨幣所得および物価の変化との間には密接な関係があることであった。資本主義経済が商品交換によって成り立っており、商品交換が商品の直接交換ではなく、貨幣を媒介として行なわれている間接交換であるから、その交換の形態は商品(W)―貨幣(G)―商品(W)である。商品はある価格が付けられて交換に出され、市場において需要と供給によって価格が確定される。そして、商品の価格は商品の価値を貨幣で表現したものであり、商品はその価格に等しい貨幣と交換される。かくて、商品価値の変化によって価格が変化するならば、商品と交換される貨幣量が変化し、貨幣価値および価格標準の変化によって価格が変化すれば、商品と交換される貨幣量が変化することになる。

　物価は諸商品の価格を平均したものである。その平均の仕方にはいろいろの方法があるにしても、平均であることには変わりがないから、物価は商品価格に基づいて計算したものである。そうすると、計算の基礎になった諸商品の価格の変動を通じて物価が変化することになる。かくて、諸商品の価格の変動によって物価が変化するならば、諸商品の交換に必要な貨幣量は変化する。いま、交換される諸商品量が変わらなければ、物価が上昇するならば、諸商品の交換に必要な貨幣量は増加するし、物価が下落すれば、商品の交換に必要な貨幣量は減少する。かくて、諸商品の交換に必要な貨幣量と物価との間には密接な関係があることになる。貨幣を交換に出すためには、予め貨幣を保有していなければならないとすれば、交換に必要な貨幣量と保有貨幣量、すなわち貨幣ストックとは密接な関係があり、

第6章 M.フリードマン、A.J.シュワルツ『合衆国貨幣史 1867-1960』における帰結について

したがって、貨幣ストックと物価との間には密接な関係があるといえよう。

貨幣ストックの変動と貨幣所得の変動との関係については、所得が貨幣で支払われ、その貨幣が支出されるのであるから、実質所得が変動するならば、所得の支払およびその支出に要する貨幣額は当然変動するし、また、実質所得が不変であっても貨幣価値が変化すれば、所得の支払およびその支出に要する貨幣額は変動する。貨幣所得の支払およびその支出のためには予め貨幣を保有しておかなければならないとすれば、貨幣ストックの変動と貨幣所得の変動とは対応することになる。したがって、貨幣所得についても物価と同様に密接な関係があるといえよう。さらに、貨幣所得は商品の生産活動および流通活動を通じて形成されてくるので、それは再生産の規模および構造と密接な関係がある。再生産の構造が不変のもとでその規模が拡大縮小するならば、それに対応して貨幣所得は増減するし、また、再生産の規模が一定のもとでその構造に変化が生ずるならば、資本構成の高度化、ないし低度化はそれに対応した貨幣所得の変化をもたらすであろう。一定の規模および構造の再生産がスムースに行なわれていくためには、一定の生産財が補填される必要があり、それらの財を流通させるための貨幣量が必要であるし、また、形成された所得からは消費と貯蓄がなされるので、消費財購入のための貨幣量も必要であるし、また貯蓄された貨幣量は保有されるとすれば、これらに対応する貨幣ストックが存在しなければならない。再生産の規模と構造が変化すれば、それによって貨幣ストックも貨幣所得も変化するのであるから、貨幣ストックと貨幣所得との間には密接な関係があるといえよう。

経済活動の拡大は生産の増加、商取引の増加、所得の増加、物価の上昇となり、経済活動の縮小は生産の減少、商取引の減少、所得の減少、物価の下落となると考えるならば、経済活動の変化と貨幣ストックとの変化との関係を改めて説明するまでもなく、両者の関係が密接であることは明らかであろう。

第二の帰結である貨幣的変化と経済的変化との関係の安定性について述

べよう。まず、イギリスとアメリカとの相対的物価の変動を現実の為替相場で調整した、ポンドに対するドルの購買力平価指数を取り上げる。実際に計算されている指数（1929年＝100）はアメリカの陰伏的物価指数をイギリスの物価指数で割り、さらにその商を現実の為替相場で割った数値である。物価が諸商品の平均であり、為替相場が両国貨幣の交換比率であるとすれば、究極的には、この指数は両国における諸商品価格の変動と両国貨幣の相対的な価値関係の変動によって変化することになる。いま、諸商品の価値（生産費）から決まってくる価格に関して、イギリスの価格とアメリカの価格との相対的関係が両国間の経済交流を通じてそれほど変わらないとすれば、また両国の貨幣価値の変化がただちに為替相場に反映されるとすれば、究極的には、需給関係の変動によって、諸商品の価格はその価値から決まってくる水準に、また、為替相場は両国の貨幣価値から決まってくる水準に引き付けられる作用が働き、この水準に落ち着くのであるから、そうすると、この指数の変動幅は諸商品の価格と外国為替が需給関係によって変動する振幅になり、両者の均衡水準からの乖離になる。かくて、諸商品の価格および為替相場にたえず均衡化の作用が働いているとすれば、この指数の変動は、特別の事情のないかぎり、ある程度の範囲に収まると考えられよう。ポンドに対するドルの購買力平価指数の変動幅も限定されてくるはずである。

　つぎに、貨幣の所得流通速度、すなわち貨幣所得／貨幣ストックの比率に移ろう。貨幣所得の変動と貨幣ストックの変動との間に密接な関係があることは、すでに第一の帰結において、再生産の規模と構造との関連で説明してきたが、さらに両者の関係に安定性があるとすれば、それもまた再生産との関連があるように思われる。まず、貨幣の所得流通速度が長期的傾向として低下していくことについては、その低下傾向は再生産構造の長期的推移に求められよう。技術の進歩によって技術革新が行なわれていくと、資本構成が高度化していくので、不変資本（機械、設備、装置等や原材料に投下される資本部分）が可変資本（賃金支払に充てられる資本部分）に比

第6章 M.フリードマン、A.J.シュワルツ『合衆国貨幣史1867-1960』における帰結について

して相対的に増大していくし、また、利潤率は長期的に低落していく傾向にあるとすれば、利潤は不変資本に可変資本を加えた投下全資本に比して相対的に減少していくことになる。かくて、賃金に剰余価値である利潤を加えた貨幣所得に比しても、不変資本部分は相対的に増大していくと考えられよう。そうすると、不変資本の補塡のため、さらには蓄積のために保有される貨幣額に所得の支出のために保有される貨幣額を加えた貨幣ストックは貨幣所得に比してたえず増大していくと考えられよう。したがって、貨幣所得/貨幣ストックである貨幣の所得流通速度は長期的に低下していくことになる。

貨幣の所得流通速度の短期的変動については、景気循環過程における変動であり、再生産の構造がほぼ同じ状態のもとで、再生産規模の拡大および縮小の過程における貨幣の所得流通速度の変動が問題になる。好況期には経済活動が活発になり、商取引が拡大し、物価が上昇し、貨幣所得が増加する。けれども、信用取引に対する信頼性が高く、信用取引による債権債務の相殺が増加するし、取引が活発に行なわれることによって一定期間における貨幣の流通回数も増加する。したがって、再生産規模が拡大したほどには流通貨幣量が増加しないので、そのための必要な保有貨幣量も再生産の拡大ほどに増加しない。また、貯蓄された貨幣量も収益を拡大するためにできるだけ投資に回されるであろうから、その貨幣量もそれほど増加しないであろう。かくて、再生産の拡大によって増加した貨幣所得と貨幣ストックとを比較すれば、貨幣ストックは貨幣所得ほどには増加しないことになり、貨幣の所得流通速度は高くなるのである。

それに反して、不況期には経済活動が不活発になり、商取引が縮小し、物価が下落し、貨幣所得が減少する。信用取引に対する信頼性が低下して現金取引が増加するので、債権債務の相殺が減少し、一定期間における貨幣の流通回数も減少する。したがって、再生産規模が縮小したほどには流通貨幣量は減少しないであろう。また、投資機会が減少し、投資の危険性が高くなるので、貯蓄された貨幣も保有されたままになる割合が増加する

だろうし、再生産過程から回収された資本も貨幣形態で保有されることになりかねない。かくて、貨幣ストックは再生産規模の縮小したほどには減少しないので、再生産規模の縮小に対応して減少した貨幣所得ほどには貨幣ストックは減少しないことになり、貨幣の所得流通速度は低下する。

その他の事例に関しては、まず、1878年および1933年に実施された金購入プランが同一の結果、すなわち貨幣ストックの増加、景気の好転および卸売物価の上昇をもたらしたことが挙げられる。しかし、この事例は前者が旧平価での金本位制へ復帰するために、後者が金平価を切下げるために実施されたのであるから、金購入プランの実施後に同じ経済状態になったとしても、貨幣的条件が異なるゆえに、同一結果が異なった原因から生じているのかもしれない。したがって、金購入プランによって生じた同一結果の事例としてあげることには問題があるように思われる。つぎに、預金・通貨比率が流動性問題のシグナルとして妥当であることは、金融不安が生ずるならば、人びとが預金を現金に替えるであろうし、金融不安が解消されるならば、人びとは現金を預金に替えるであろうから、当然であるといえる。さらに、第一次および第二次世界大戦勃発後の初期段階においてアメリカの卸売物価の変動パターンが同一であることは、両大戦に対するアメリカの関わり方と交戦国とアメリカとの経済関係がほぼ同じであったことに求められよう。すなわち、アメリカは両大戦の初期には中立の立場をとり、交戦国は戦争遂行に必要な物資の調達先をアメリカに求めたので、需要の急激な増大となり、それに投機的動きも加わって卸売物価の上昇となり、金の流入もあって貨幣ストックの増加が生じたのである。

最後に、第三の帰結であった貨幣的変動の独立性および貨幣から他の経済変数へ及ぼす影響方向の優位性について考えよう。新たな金鉱の発見と金の採掘・精錬技術の開発、正貨兌換復帰のための金準備の増強、銀買上法による銀の買上げ、第一次および第二次世界大戦における金の流入および連邦準備制度の金融政策が経済活動から独立に貨幣ストックを増加させる要因であり、貨幣ストックの増加が経済活動のたんなる反映ではないと

第6章 M.フリードマン、A.J.シュワルツ『合衆国貨幣史 1867-1960』における帰結について

しても、また、貨幣ストックを増加させる金融緩和政策が可能であったにもかかわらず、その政策を実施しなかったので1930年代の大恐慌を激化させたとしても、すなわち、貨幣ストックの変化が経済活動から独立に起こる、ないし起こしうるという主張を認めるとしても、増加した貨幣ストックはいかなる経済条件のもとでも必然的に流通界に入り、需要の増加となり、流通貨幣量の増加となるという根拠が希薄であるように思われる。需要が増加し、貨幣が流通に入らなければ、経済活動は活発にはならないのである。

　流通手段および支払手段として機能する貨幣についてみれば、流通手段としての貨幣は、商品の流通を媒介する機能を果たすのであるから、商品が貨幣と交換され、その貨幣が再び商品と交換されるという運動をする。すなわち、その運動形態は商品(W)―貨幣(G)―商品(W)である。また、支払手段としての貨幣は、商品が信用によって売買され、貨幣の授受なしに商品が一方的に売り手から買い手に手渡され、その結果両者のあいだに債権債務関係が形成され、一定の期間後に債務者である買い手から債権者である売り手に貨幣が一方的に手渡されるという運動をする。その運動形態は商品(W)→商品(W)に基づく貨幣(G)→貨幣(G)である。いずれの場合にも、商品の運動が先行し、その運動に伴って貨幣の運動が生ずるのである。したがって、経済活動が活発になり、商取引が拡大するので流通貨幣量が増加し、経済活動が不活発になり、商取引が縮小するので流通貨幣量が減少するのである。

　しかし、同じ貨幣形態であっても、資本として機能する貨幣、すなわち貨幣資本についてみれば、貨幣をもって商品を購入し、その同じ商品をより高い価格で売って利潤を獲得するのであり、その運動形態は貨幣(G)―商品(W)―貨幣(G')になり、あるいは、貨幣をもって商品を購入し、その商品を結合して生産を行ない、生産された商品を販売して利潤を獲得するのであり、その運動形態は貨幣(G)―商品(W)…生産(P)…商品(W')―貨幣(G')になる。したがって、いずれの場合にも、貨幣が資本として投

下され、その貨幣で商品を購入することになるので、運動の流れは貨幣から商品へである。そうすると、貨幣資本が投下されて商品の需要が増加して経済活動が活発化し、物価が上昇し、貨幣所得が増加することになる。

　貨幣の概念について、フリードマンは交換手段としてではなく、むしろ資産としてとらえているようにみえる。すなわち、貨幣は交換手段として商品の流通を媒介する機能を果たすのではなく、貨幣は資産のなかの一形態として資産の機能を果たすのである。そうすると、フリードマンは貨幣といっているけれど、実際には財産や富に相当するような貨幣を貨幣としてとらえていることになる。資本と資産の概念を比較すると、資本が価値増殖の機能を果たすのに対して、資産は価値保蔵の機能を果たすことに重点がおかれているようにも思われるが、価値増殖と全く無関係ではない。保有貨幣のなかに定期預金が含まれるとすれば、それには利子がつくし、また、資産には貨幣のほかに、有価証券、建物、土地などがあり、それらの資産への配分投下に関しては収益性と安全性（危険性）が考慮されるからである。

　資産の運用にあたっても、資本の運用にあたっても、収益性と安全性が考慮されるわけであるから、その観点からみて、貨幣資産の運動と貨幣資本の運動とが類似しているところがあるようにみえる。貨幣資産も貨幣資本も貨幣形態であり、その運動形態からみると、貨幣資本の投下は貨幣(G)—商品(W)であり、また貨幣資産以外の資産も商品として取引されるとみれば、貨幣資産の他の資産への投下は貨幣(G)—商品(W)である。かくて、貨幣を資産としてとらえ、その運動の観点からみるならば、影響の及んでいく方向は貨幣から商品へということになる。つまり、貨幣が金融資産や実物資産に投下され、それらの資産への需要増加となり、資産価格が上昇し、資産効果が現れて、全般的な商品に対する需要が増大し、経済活動が活発化し、物価の上昇や貨幣所得の増加になっていくのであろう。

　しかし、どんな経済状況のもとでも、資産としての貨幣が増加するならば、人びとは必ずその貨幣をもって金融資産や実物資産を購入するといえ

第6章 M.フリードマン、A.J.シュワルツ『合衆国貨幣史1867-1960』における帰結について

るのであろうか。資産価格が上昇する傾向にあり、物価も上昇していくと予想される状況のもとでは、いわゆるクリーピングインフレーションのような状況のもとでは、貨幣価値が低下していくので、貨幣で保有するよりもむしろ他の資産を保有した方が利益になるから、増加したさしあたって必要のない貨幣は他の資産に換えられるであろう。しかし、金融機関に対する信頼が低下し、株価が下落し、土地や建物の価格が下落し、物価も下落していく状況のもとでは、増加した貨幣がそのまま保有されることが起こりえないとはいえないであろう。その場合には、保有貨幣量の増加が生ずるだけで、経済活動への影響はないことになる。

　交換手段としての貨幣も資本としての貨幣もその形態から見るかぎり同一である。しかし、それが果たす機能は全く異なっている。一方は商品交換の媒介であり、他方は価値増殖である。しかし、資本として価値増殖のために投下された貨幣も流通過程に入って生産財や労働力を購入する場合には交換手段として機能する貨幣である。また、生産された商品が流通過程で販売される場合に商品と交換される貨幣は交換手段としての貨幣である。したがって、商品の流通過程で把握された貨幣は交換手段であり、その総計が流通に必要な貨幣量となる。それに対して、ストックとして把握された貨幣のなかには交換手段として保有される貨幣と資本、ないし資産として保有される貨幣とが含まれ、混在していると考えられる。しかも、経済が発展するにつれて、おそらく、貨幣ストックのなかで資本、ないし資産として機能する貨幣量の占める割合はますます増加してきているように思われる。しかしだからといって、資本、ないし資産としての貨幣のみを対象として考察すれば充分であるということにはならない。同じ貨幣という形態であっても、それが果たす機能の相違を明確に把握しておくことは大変重要である。

おわりに

これまで、フリードマンおよびシュワルツがアメリカの貨幣史研究から導き出した三つの帰結に関して諸事例の事実関係をかれらの叙述から要約し、その帰結の論拠について述べてきた。最後に、同じ貨幣という形態であっても、交換手段の機能を果たす貨幣なのか、あるいは資本の機能を果たす貨幣、すなわち貨幣資本なのか、を明確に区別して議論することが重要であり、その区別を曖昧にすることによって混乱が生じることを指摘して結びとしよう。

交換手段としての貨幣は、商品(W)→貨幣(G)→商品(W)という商品の運動のなかで機能する貨幣が問題であり、したがって、商品の運動に伴って貨幣の運動が生ずることになる。経済活動が活発になって物価が上昇し、商品の取引量が増加すれば、流通に必要な貨幣量は増加することになり、経済活動が不活発になって物価が下落し、商品の取引量が減少すれば、流通に必要な貨幣量は減少することになる。かくて、商品取引量の増減が流通貨幣量の増減となるのであり、影響の作用方向は経済活動から流通貨幣量へになる。

資本としての貨幣は、貨幣(G)→商品(W)…生産(P)…商品(W')→貨幣(G')という貨幣資本の運動のなかで機能する貨幣が問題であり、投下される貨幣資本が増加するならば、生産財および労働力への需要の増加となり、経済活動が活発になる。これに反して、投下される貨幣資本が減少するならば、生産財および労働力への需要の減少となり、経済活動が不活発になるのである。そうすると、影響の作用方向は貨幣資本から経済活動へとなり、貨幣資本を形態でとらえると貨幣であるから、影響の作用方向は貨幣から経済活動へとなるのである。

しかし、ハイパワードマネーの増加→貨幣ストックの増加→経済活動の活発化という連鎖的波及効果がいかなる条件のもとでも必然的に起こりうるわけでもないであろう。長期的視点でみるならば、資本主義経済は資本

第6章 M.フリードマン、A.J.シュワルツ『合衆国貨幣史 1867-1960』における帰結について

の蓄積によって発展をとげてきているのであるから、蓄積による貨幣ストックの増加が資本として投下され、需要の増加となり、経済活動の拡大になるといえよう。けれども、短期的視点でみるならば、ハイパワードマネーが増加して、貨幣ストックが増加しても、資本として投下されない場合には経済活動が活発にならない場合が起こりうることを否定できないように思われる。

　交換手段としての貨幣であれば、貨幣の保有者は、いつでも、どんな経済状況のもとでも、求める商品があるかぎり、貨幣と商品を交換するであろう。しかし、資本としての貨幣については、貨幣の保有者は、利潤をもたらす、あるいは利子を伴って返済されてくる見通しのない場合には、投資も貸付も行なわれないから、需要の増加とはなりえず、貨幣と商品との交換は行なわれないのである。

注

（１）M.Friedman and A.J.Schwartz, A Monetary History of the United States 1867-1960, Princeton University Press, 1963, p.676.
（２）M.Friedman and A.J.Schwartz, op.cit., pp.616-617.
（３）M.Friedman and A.J.Schwartz, op,cit., p.199.
（４）M.Friedman and A.J.Schwartz, op.cit., p.216.
（５）M.Friedman and A.J.Schwartz, op.cit., p.222.
（６）M.Friedman and A.J.Schwartz, op.cit., p.198.
（７）M.Friedman and A.J.Schwartz, op.cit., pp.196-197.
（８）M.Friedman and A.J.Schwartz, op.cit., p.137.
（９）M.Friedman and A.J.Schwartz, op.cit., p.705, p.708の表Ａ－１から計算した倍数。
（10）M.Friedman and A.J.Schwartz, op.cit., p.135, p.137.
（11）S.Kuznets, Capital in American Economy, It's Formation and Financing, Princeton University Press. 1961, p.563の表Ｒ－26から計算した倍数。
（12）M.Friedman and A.J.Schwartz, A Monetary History of the United States 1867-1960, pp.241-242.

(13) M.Friedman and A.J.Schwartz, op.cit., p.243.
(14) M.Friedman and A.J.Schwartz, op.cit., pp.229-230.
(15) M.Friedman and A.J.Schwartz, op.cit., pp.231-232.
(16) M.Friedman and A.J.Schwartz, op.cit., p.232.
(17) M.Friedman and A.J.Schwartz, op.cit., p.678-679.
(18) M.Friedman and A.J.Schwartz, op.cit., p.679.
(19) M.Friedman and A.J.Schwartz, op.cit., p.679, p.682.
(20) M.Friedman and A.J.Schwartz, op.cit., p.682.
(21) M.Friedman and A.J.Schwartz, op.cit., p.682.
(22) M.Friedman and A.J.Schwartz, op.cit., p.682.
(23) M.Friedman and A.J.Schwartz, op.cit., p.68.
(24) M.Friedman and A.J.Schwartz, op.cit., p83.
(25) M.Friedman and A.J.Schwartz, op.cit., p.96, p.98.
(26) M.Friedman and A.J.Schwartz, op.cit., p.465.
(27) M.Friedman and A.J.Schwartz, op.cit., p.469.
(28) M.Friedman and A.J.Schwartz, op.cit., p.493.
(29) M.Friedman and A.J.Schwartz, op.cit., pp.802-804.
(30) M.Friedman and A.J.Schwartz, op.cit., p.196-197.
(31) M.Friedman and A.J.Schwartz, op.cit., p.546.
(32) M.Friedman and A.J.Schwartz, op.cit., p.551-552.
(33) M.Friedman and A.J.Schwartz, op.cit., p.686.
(34) M.Friedman and A.J.Schwartz, op.cit., p.686.
(35) M.Friedman and A.J.Schwartz, op.cit., pp.137-138.
(36) M.Friedman and A.J.Schwartz, op.cit., pp.138-139.
(37) M.Friedman and A.J.Schwartz, op.cit., pp.152-153.
(38) M.Friedman and A.J.Schwartz, op.cit., pp.156-157.
(39) M.Friedman and A.J.Schwartz, op.cit., pp173-174.
(40) M.Friedman and A.J.Schwartz, op.cit., p.687.
(41) M.Friedman and A.J.Schwartz, op.cit., p.199.
(42) M.Friedman and A.J.Schwartz, op.cit., p.196, p.205.
(43) M.Friedman and A.J.Schwartz, op.cit., p.216.
(44) M.Friedman and A.J.Schwartz, op.cit., p.206の表10および国民純生

第6章 M.フリードマン、A.J.シュワルツ『合衆国貨幣史 1867-1960』における帰結について

産についてはS.Kuzunets, op.cit., p.561の表R-25から計算。
(45) M.Friedman and A.J.Schwartz, op.cit., p.687.
(46) M.Friedman and A.J.Schwartz, op.cit., pp.44-45.
(47) M.Friedman and A.J.Schwartz, op.cit., p.46.
(48) M.Friedman and A.J.Schwartz, op.cit., p.47.
(49) M.Friedman and A.J.Schwartz, op.cit., pp.48-49.
(50) M.Friedman and A.J.Schwartz, op.cit., p.55.
(51) M.Friedman and A.J.Schwartz, op.cit., pp.113-114.
(52) M.Friedman and A.J.Schwartz, op.cit., pp.115-116, p.132.
(53) M.Friedman and A.J.Schwartz, op.cit., p.128, p.131.
(54) M.Friedman and A.J.Schwartz, op.cit., pp.687-688.
(55) M.Friedman and A.J.Schwartz, op.cit., pp.687-688.
(56) M.Friedman and A.J.Schwartz, op.cit., p.233, p.235.
(57) M.Friedman and A.J.Schwartz, op.cit., pp.526-527.
(58) M.Friedman and A.J.Schwartz, op.cit., pp.691-692.
(59) M.Friedman and A.J.Schwartz, op.cit., pp.692-693.
(60) M.Friedman and A.J.Schwartz, op.cit., p.693.
(61) M.Friedman and A.J.Schwartz, op.cit., pp.693-694.
(62) M.Friedman and A.J.Schwartz, op.cit., p.694.
(63) M.Friedman and A.J.Schwartz, op.cit., p.694.
(64) M.Friedman and A.J.Schwartz, op.cit., pp.694-695.
(65) M.Friedman and A.J.Schwartz, op.cit., p.695.

第7章　貨幣数量、物価および経済活動
　　　　―1926〜31年のフランス経済―

はじめに

　M.フリードマンとA.J.シュワルツは、すでに述べたように、貨幣数量と物価および経済活動との関係を相互依存関係としたが、その支配的な関係については、貨幣供給量の増減→貨幣保有量の増減→物価の騰落と経済活動の増減という作用方向を『合衆国貨幣史』の研究によって明らかにしていた。それに対して、M.S.マルクはフランスにおける貨幣数量と物価との関係を考察し、フランスにおける1873〜1905年および1926〜31年の期間については、フリードマンとシュワルツの主張するような対応関係がないことを指摘している。すなわち、前者の期間には、物価の動向は指数が120から80に下落しているのに、貨幣量は110億フランから150億フランに増加しているし、また、後者の期間については、小売物価指数が750から380へ下落しているのに、貨幣量は1,100億フランから1,800億フランにまで増加している。
(1)

　期間の取り方によって見解の相違が出てくる可能性はあるとしても、ここではマルクの期間区分にしたがって考察を進めよう。そこで、後者の期間、すなわち1926〜31年を取り上げてフランスの政治・経済状況の変移、貨幣量の推移、物価の動向および経済活動の状況について考察し、マルクがフランスにおいてフリードマンとシュワルツの指摘するような対応関係のないとした期間はどのような時期であったのか、また、その時期において貨幣量と物価および経済活動の対応関係がどうなっていたのかを考察することにしよう。

1. 政治・経済状況の変移

　この期間は四つの時期に分けることができよう。1926年1月から7月までの時期はインフレーションが進行していく過程であり、1926年8月から1927年にかけての時期はフランの安定化政策によるデフレーション過程となり、それから1931年までの時期はフランの安定に基づく経済の繁栄期と世界経済恐慌の影響が波及して景気の後退する初期にあたる。

　インフレーションの進行によって1926年1月には卸売物価が戦前の6倍にもなる状況のもとでは、誰しも予算の均衡を確保し、インフレーションを阻止し、フランの安定を達成しなければならないと考えていたのであったが、予算を均衡させる方策および増税の方法に関しては、議会で一致を見ることができなかった。予算案の討議は年を越し、4月末になってやっと1926年予算案が議会で承認されたのであった。1926年になってからも内閣が何回も変わり、政治の不安定さもインフレーションを昂進させ、為替相場を下落させる一因であった。1926年1月～4月の国際収支は赤字であって、貿易収支の赤字、対外借款の利子支払、資本の海外逃避が赤字の要因であった。財務大臣ペレは、フラン投機による為替相場の下落を阻止するためにはモルガン資金だけでは不十分と判断し、フランス銀行に金準備の使用を求めたが、フランス銀行はその要求を拒否した。その結果、ペレは辞任することになり、第9次ブリアン内閣は瓦解する[2]。

　ついで、第10次ブリアン内閣が成立するが、フラン投機が激しくなり、為替相場は急激に下落する。6月30日には1ポンドが173.25フランであったが、7月1日には179.50フラン、7月7日には181.50フラン、7月8日には193.50フラン、さらに7月18日には202フランにまで上昇した。このような事態のなかで、財務大臣カイヨーはかれの財政案に固執し、11月30日まで議会の全権委任を求めて信任投票にかけたが、議会の信任を得られず、内閣は辞職に追い込まれた[3]。政権はブリアンからエリオに移ったが、事態は全く変わらなかった。国庫の危機的状況は逼迫していた。政府貸付

第7章　貨幣数量、物価および経済活動

限度額の余裕が6,000万フランしかないことを先任大臣から知らされていたし、また、フランス銀行総裁からも書簡を受け取っていた。しかも8月25日までに20億フランの支払がなされなければならなかった。国庫の状態はまさに破綻寸前になっていた。そして、内閣の施政演説が行なわれた直後に、人びとはすでに内閣の瓦解を予想して行動していたのであった。[4]

つぎに、共産党を除くあらゆる政党が参加して形成された国民同盟（ユニオン・ナショナル）に支えられたポアンカレ内閣が成立し、フランの安定化政策が実施されていくことになる。この過程ではフラン安定の準備に当てられた安定前期、為替相場を一定水準に維持し、その水準に実体経済を順応させる事実上の安定期を経て、そして最後に、法律上の安定が達成されるのである。安定前期には、まず、予算の均衡を実現するために、1926年の今後5ヶ月間と1927年の間に必要になる財源を確保する増税を行ない[5]、国庫の均衡を実現するために、「国防債券管理、煙草産業経営および公債償還独立金庫」が創設され、流動債の管理は国庫からこの金庫に移管され、そして浮動債の整理と長期公債化が実施されていくことになる。国際収支の均衡は財政の均衡化とフランの安定が前提条件ではあるが、公定歩合の引上げ、課税の調整、すなわち税率の緩和、課税標準の簡素化によってフランスへの投資が魅力的になり、資本の復帰、ないし流入が可能になれば、資本収支の面から国際収支の均衡に貢献するはずであった。[6]

為替相場は1926年7月20日には1ポンドが240.25フランにまで上昇していたが、ポアンカレが組閣することによって、7月30日には1ポンド＝203.15フランまでになっていた。政府は、一方でフランス銀行にプレミアム付きで金銀の購入を行なわせ、他方で国庫資金を使用して為替市場に介入を始めた。ポンド相場は政府の市場介入によって次第に下落していき、8月31日には164.90フランであったが、10月29日には154.15フラン、11月30日には130.60フランまで引下げられてきた。金の購入価格は9月27日には純金1グラム＝19.752フランであったが、順次引下げられていく。10月11日には19.25フラン、10月25日には19フラン、11月3日には18フラン、11月8

日には16.50フラン、11月23日には15.10フラン、10月16日には14フランへ引下げられた(7)。

　12月20日になって政府は市場介入によっても1ポンド＝120フランの相場を維持することができなくなり、急遽フランス銀行に対して外国為替市場へ介入することを要請した。この時点からフランス銀行が市場介入を実施することになり、事実上の安定期に入る。12月21日の為替相場は1ポンド＝120.45フランであったが、22日には122.10フランとなり、23日にはフランス銀行がポンド相場を120フランと125フランとの間に維持するように市場介入を実施することを決定している。そして24日には、ポンドを122.40フランで販売し、122.35フランで購入している(8)。1927年3月2日以降、ポンドの売買相場を変更し、買い相場を124.02フラン、売り相場を124.10フランとして固定された(9)。

　為替相場の引下げに対応する経済の調整が必然的に行なわれ、景気の後退が生じた。景気後退の過程を各々の経済活動指数によってみるならば、工業生産は1926年10月に131であったが、1927年5月には104にまで低下し、約20％の低下であり、鉄道輸送は1926年10月には143であったが、1927年1月には102まで低下し、ほぼ29％の減少になった。また、取引高は1926年11月に134であったが、1927年3月には118まで低下し、12％ほどの減少であった。さらに、失業は1926年7月の92から1927年3月には169にまで激増し、事業の破産および清算は1926年5月の64から1927年5月の100まで増加している(10)。

　価格標準の切上げに対応した経済の調整が行なわれ、景気の後退が一段落すると、フランの安定に基づいて景気が回復に向かい、持続的に成長を遂げることになる。工業生産は1927年5月の104から上昇に転じ、1930年1月および5月の144に至るまで上昇し、鉄道輸送については、その指数は1927年1月の102から1930年7月の130まで増加している。また、取引高は1927年3月の118から1930年4月の148に上昇した。これらの到達した指数値は景気が後退する以前の水準よりも上回っている。なお、失業は1927

年3月の169から1929年8月の95へ減少している(11)。かくて、1927年の中頃から1930年の中頃に至る3年間がフランス経済の繁栄期にあたる。

　さて、ポアンカレ政権のもとで超均衡予算が編成され、国庫の脅威となっていた浮動債の整理が進められていく。1926年予算については、専門家のあいだでは25億フランの赤字になるであろうという予想であったが、増税と経費削減によって結果は25億フランの黒字になった。そして、1927年、1928年および1929年予算においては、それぞれ72.5億フラン、40億フランおよび50億フランの黒字となった。また、多額の浮動債が国庫から独立償還金庫に移管され、国庫はその重圧から解放されたが、独立償還金庫がそれを負担することになる。しかし、1926年8月頃から国防債の応募が償還要求を上回るようになり、同金庫にとって重圧にはならなくなった。そして、償還期間の短い国防債は発行停止になった。1ヶ月償還の国防債は1926年12月に、3ヶ月および6ヶ月償還の国防債は1927年1月に、さらに1年償還の国防債は1928年6月に発行を停止した。それ以降は2年償還国防債のみが発行された。それと同時に、国防債の利子が順次引下げられていき、国債の整理と償還の基礎がおおよそできあがった(12)。

　事実上の安定期の過程において、確定されるべきフラン水準に関する意見の対立があった。旧平価復帰と平価切下げの実施との対立であり、前者の立場は保守層の人びとによってもっぱら道徳的な論拠に基づいていた。後者の立場は現実主義者によって主張され、旧平価への復帰はフランス産業に大打撃を与え、経済恐慌を勃発させ、経済の崩壊に導くので、平価切下げを実施すべきであるという論拠であった(13)。これは結局、貨幣資本を擁護する人びとと産業資本を擁護する人びととの対立であった。法律家であり、保守主義者でもあったポアンカレは、前者の主張に好意的でフランの切下げにつらい思いもあったであろうが、最終的には平価切下げの立場をとり、1928年6月に法律上の安定を実施した(14)。フランの価値は5分の1に切下げられ、金本位制の復帰が達成された。

　貨幣問題が解決された後、ポアンカレは対外問題の解決に尽力する。戦

争中の連合国間債務について締結されたメロン-ベランジェ協定およびチャーチル-カイヨー協定を議会に批准させるために努力した。また、賠償問題については、ドイツの賠償を軽減し、その債務を商業化するヤング案が1929年5月末に署名された。ヤング案の署名もあって、連合国間債務に関する協定は議会の反対も激しく、なかなか批准されなかったが、1929年7月26日にやっと批准に漕ぎ着けた。翌日、かれは病のため辞任する。ついで第11次ブリアン内閣が成立したが、短命に終わり、タルデュー内閣が形成される。

　1929年11月に成立したタルデュー内閣のもとでは、戦争の結果として生じた諸問題が解決されたので、減税の実施と建設のための繁栄政策に移行していく。アメリカでは株価の暴落を契機に大恐慌となり、その影響はヨーロッパにも波及していたが、フランスではその影響はきわめて軽微であった。国民純所得で見るならば、1929年が3,340億フラン、1930年が3,320億フランであり、僅か1％の減少にすぎなかった。タルデューの繁栄政策は1929年予算の使用可能額と国庫の保有資産50億フランを充当し、国家施設を建設する5か年計画であった。各分野別にみれば、農業では17.5億フランが投入され、農村の電化、飲料水の導管設置および農業保険制度の設立が実施され、商工業のために18億フランが投ぜられて、道路網の修繕および港湾の整備、送電線の建設が行なわれ、また保険・衛生には14.5億フランが支出され、結核対策、学校の建設ならびに研究所への交付金等に充てられることになっていた。さらに、このほかに35億フランが借入によって調達され、植民地のために投資されることになっていた。

　1930年予算案については下院で討議が続けられていたが、タルデューは上院で早急に討議を済ませることを望まず、また暫定予算を組むことを欲しなかったので、会計年度の開始を1月1日から4月1日へと繰り延べることにし、減税法案だけを議会で可決成立させて年を越した。翌年1930年に入って、1930～31年予算案の審議が下院財政委員会で続けられた。財政委員会と財務大臣シェロンとの間には意見の対立があり、委員会は予算赤

第7章　貨幣数量、物価および経済活動

字分を国庫から借入れることを提案し、それに対して、シェロンは国庫に180億フランの準備金があることをほのめかしたが、それを予算の赤字分の補塡に使用することに断固反対していた。その対立は解消されず、信任投票に敗れてタルデューは退陣する。[20]

再び組閣したタルデューは、財政政策に関しては予算の均衡を維持し、償還政策を断固として実現していくこと、また世界経済恐慌の影響がフランス経済へ不可避的に及んできたときにはあらゆる適切な方策を講じ、国民の勤勉なエネルギーを刺激して乗り切っていくことを表明した。[21] かれはまず1930～31年度予算案を議会の審議によって通過させるために努力した。1930年4月1日～1931年3月31日の予算案は4月16日になって可決成立した。その予算案は6,700万フランの黒字になっていたが、経済的にはさらに多額の支出が必要であると予想されていた。しかし、さらなる減税を実施するために政府案が提出され、議会の審議を経て可決させることができた。そして、160～170億フランにも達する国家施設計画（50億フランの財政資金を含み、公共団体の予算と特別基金によって繰り入れられる）が議会で討議される。タルデュはこの計画を恐慌の解決策とみていたのであった。[22]

世界大恐慌の波及が遅かったフランス経済にも1930年の第2四半期にはその影響が現れてきた。それぞれの活動指数を見れば、工業生産は1930年5月に144の最高水準に達していたが、1930年12月には134になり、1931年9月には119まで低下する。取引高は1930年4月の148を最高に、1930年末には141になり、1931年9月に133へ下落し、鉄道輸送は1930年8月に最高130となり、1930年末には126、1931年9月には119まで下がっていた。また、失業は1929年8月の最低95から1930年末には134に上昇し、1931年9月には168まで上がった。[23] それはまさに70％以上の増加であった。

世界大恐慌がますます深化していく過程のなかで、アメリカ大統領フーバーは1931年6月に戦争から生じたあらゆる政府間債務、連合国間債務および賠償債務の1年間の支払を延期する提案を行なった。フランスの下院においては、政府に対して質問が雨の降り注ぐように浴びせられた。[24] 貨幣

157

状況が全般的に不安定化し、為替恐慌がまず南アフリカ諸国およびオーストリアに影響を及ぼし、夏になってからは中央ヨーロッパおよび東ヨーロッパに波及した。そして、同年9月にはイギリスが金本位制を停止し、その後、ポンド相場は低落していった。月平均相場で見るならば、金本位制のもとでは、1ポンド=124.213フランであったが、9月には115.42フラン、10月には98.88フラン、11月には94.79フラン、12月には85.89フランに低下した。(25)

フランス経済は1931年になって世界恐慌の影響が極めて顕著になった。1931年の状態を1年間についてみるならば、いくつかの経済指数の低下率は次のようになった。工業生産は17%、そのうちの鋼鉄生産が29%、輸出は35%、積載貨車は13%、食料品卸売物価は15%、取引高税が14%、変動利付証券が37%であった。(26)生産が活気を失って萎縮し、失業者が国民の各層に広がり、議会では失業者の救済対策が活発に討議された。そして、不況対策として12月初旬に国家施設計画に関する法案が下院において全会一致で可決されたのであった。(27)

2. 貨幣量の推移

通常、貨幣量は三段階で把握されているが、フランスにおいても同様に、貨幣供給量（disponibilités monétaire）M_1、貨幣総量（masse monétaire）M_2および流動資産総量（ensemble des liquidités）M_3としてとらえられている。貨幣供給量は硬貨、銀行券および要求払い預金の三つの要素から構成される。その貨幣供給量に準貨幣資産量（disponibilités quasi-monétaire）を加えたのが貨幣総量であり、準貨幣資産は利子を生むが容易に貨幣に転換可能な資産である。そして、流動資産総額は貨幣総量に流動的、あるいは短期的投資と呼ばれるものを加えたものである。(28)

貨幣供給量、貨幣総量および流動資産総額をフランスの金融制度に則して具体的に指摘するならば、つぎのようになる。(29)

第7章　貨幣数量、物価および経済活動

M_1＝貨幣＝流通銀行券＋流通補助貨幣＋フランス銀行、銀行、郵便振替口座および国庫の要求払い預金

M_2＝M_1＋準貨幣資産（銀行の通帳預金＋銀行の住宅貯蓄預金＋銀行の預金証書および定期預金証書＋国庫の定期預金＋国立農業金庫の債券

M_3＝M_2＋貯蓄金庫の預金

マルクは種々の資料を用い貨幣供給量M_1について1807年から計算しているが、ここでは必要な1926～31年の数値をあげておこう。

貨幣供給量　　　　　　10億フラン

年	硬　貨	銀行券	要求払い預金	計
1926	2.00	53.00	54.00	109.00
1927	2.10	54.00	66.00	122.10
1928	0.70	60.00	85.00	145.70
1929	0.80	65.00	84.00	149.80
1930	1.00	72	92	165
1931	1.20	79	101	181

出所：M.S.Marc, Histoire monétaire de la France 1800-1980, P.U.F., 1983, p.37.

上掲のマルクの年次別表によってみれば、貨幣供給量は1926年の1,090億フランから1931年の1,810億フランまで年々増加し続け、約66％の増加であり、年率に換算すると、11％の増加率である。硬貨は1926年から1927年にかけて増加するが、1928年には3分の1になり、また、1929年から徐々に増加するが、1931年の12億フランは1926年の20億フランに比して60％に減少している。銀行券は年々増加し、1926年の530億フランから1931年には790億フランになり、5年間に49％も増加している。要求払い預金は1929年には10億フランほど減少しているが、1926年の540億フランから1931年には1,010億フランになり、87％の増加であり、年率に換算すると、

13%を越える増加率である。貨幣構成については1926年が硬貨1.8%、銀行券48.6%、要求払い預金49.5%であったが、1931年には硬貨0.6%、銀行券43.6%、要求払い預金55.8%になった。要求払い預金の占める割合が増加し、硬貨および銀行券の割合が減少している。

つぎに、流通銀行券についてより詳細に検討するために月別平均数量をみることにしよう。それは以下の通りである。

流通銀行券（月平均）　　　　　100万フラン

月	1926	1927	1928	1929	1930	1931
1	51,187	53,201	57,879	63,867	69,054	77,752
2	51,128	52,280	57,922	63,023	69,428	77,698
3	51,802	52,359	58,748	63,287	70,261	77,843
4	52,329	52,748	59,758	63,666	71,063	78,299
5	52,804	52,473	59,683	63,123	71,506	77,564
6	53,212	52,478	59,175	63,479	72,265	77,054
7	54,944	53,332	60,190	64,606	72,623	78,476
8	56,084	53,143	61,065	64,775	73,070	78,383
9	55,047	53,841	61,635	65,759	72,965	78,218
10	55,248	55,249	61,848	66,797	73,663	81,767
11	54,476	55,542	61,957	66,867	74,859	82,580
12	52,861	55,973	62,269	67,376	75,735	83,494

出所：A.Sauvy, Histoire économique de la France entre les deux Guerres, *, p.525.

貨幣供給量の約48～43%を占める流通銀行券について、月々によるある程度の上下変動を捨象してその趨勢をみると、インフレーションの過程にもかかわらず、1926年2月に若干減少し、その後8月まで増加するが、ポアンカレの安定政策の実施過程において金融引締政策がとられ、また金銀の購入価格が引下げられた結果、景気の後退が生じ、流通銀行券は1927年

2月まで減少し、3月から6月までほぼ同じ水準に維持された。そして、流通銀行券は7月から増加に転じ、景気の好転と経済の繁栄によって引き続き増加していくことになる。1930年第2四半期頃から大恐慌の影響がフランスに波及してくるが、流通銀行券の増加傾向は、1931年5月、6月に減少があったものの、12月まで持続していくのである。その結果、1926年1月にほぼ512億フランであった流通銀行券は1931年12月にはおおよそ835億フランにまで増加し、その間の増加率は63％程度であった。

　つぎに、フランス銀行の流通銀行券と当座勘定および預金との二つの勘定項目を加えた月平均数量についてみることにしよう。

流通銀行券＋当座勘定および預金　　　100万フラン

月	1926	1927	1928	1929	1930	1931
1	54,506	58,955	68,140	69,695	76,911	88,643
2	54,066	57,121	66,381	69,500	77,263	88,544
3	54,586	56,122	66,635	70,273	78,005	89,324
4	55,126	57,600	68,222	69,909	78,269	89,629
5	55,599	61,641	68,839	70,487	81,252	89,592
6	56,134	64,186	67,082	70,362	81,369	90,827
7	58,809	65,798	66,195	70,974	80,159	91,702
8	59,519	65,289	66,689	71,366	80,401	95,611
9	58,028	64,564	67.092	71,304	80,337	96,763
10	58,506	65,868	67,652	73,240	82,115	103,595
11	58,109	65,986	67,956	74,399	83,935	105,063
12	58,175	66,387	68,977	74,617	85,905	107,089

出所：La France économique en 1928, Revue d'Économie Politique (以下R.É.P.と略記する), 1929, p.522. La France économique en 1929, R.E.P., 1930, p.532. La France économique en 1930, R.E.P., 1931, p.578. La France économique en 1931, R.É.P., 1932, p.653.

この貨幣量はベースマネーあるいはハイパワードマネーに近い数量のように思われるが、流通銀行券量と比較すると、振動幅が流通銀行券量よりも若干大きいように思われる。その趨勢は同じような傾向をたどっている。ただし、流通銀行券量が1931年5月、6月に減少しているのに、この貨幣量は5月に僅かに減少しただけですぐに増加に転じている。

　貨幣総量（M_2）については、J.P.パタとM.リュトファラが諸資料から月別の数量を計算している。その数量は以下の通りである。

貨幣総量　　　　　　　　　　　　10億フラン

月	1926	1927	1928	1929	1930	1931
1	106.37	118.22	137.35	161.49	161.48	169.99
2	106.41	118.15	135.79	160.72	167.08	170.21
3	106.79	117.65	139.92	158.53	164.33	170.23
4	108.79	116.47	143.96	157.68	165.57	170.21
5	112.64	114.06	156.21	157.32	165.56	171.21
6	114.91	114.97	154.46	157.38	170.50	168.07
7	119.68	119.42	156	157.60	170.63	162.53
8	120.04	121.38	153.79	155.73	170.74	161.56
9	115.89	121.26	154.55	157.10	166.92	163.26
10	119.34	127.97	155.06	163.36	169.62	164.84
11	115.71	126.84	157.65	162.98	170.32	165.96
12	116.80	131.55	161.17	161.53	170.21	164.70

出所：J.P.Patat et M.Lutfalla, Histoire monétaire de la France au XXe siécle, Economica, 1986, pp.252-251.

　上掲の月別表から年平均の計算をすると、1926年1,136.1、1927年1,206.6、1928年1,503.3、1929年1,591.2、1930年1,677.5、1931年1,669.0億フランとなる。これらの数量を見るならば、1926年から1930年まで増加し、1931年に僅かに減少している。とりわけ1928年の増加率が高く、1931年の減少率

第7章　貨幣数量、物価および経済活動

はきわめて僅かである。上述の貨幣供給量および貨幣総量の対前年度変動率を比較するならば、前者は1927年12.0%、1928年19.3%、1929年2.8%、1930年2.8%、1931年10.1%の増加率であり、後者は1927年6.2%、1928年24.6%、1929年5.8%、1930年5.4%の増加率で、1931年0.5%ほどの減少率であった。両者の比較において1931年に現れたように、貨幣供給量が増加しても、貨幣総量の減少することがありうるのである。したがって、前者の増減が必ず後者の増減となるわけではないようである。

　貨幣総量の変動を月別に見るならば、それは、月毎の増減はあるものの、インフレーションの過程では増加し、1926年8月が峰となり、安定化政策のもとで1927年5月までは、増減幅がわりと大きいが、減少傾向になっている。そして、6月から増加に転じ、1928年7月までほぼ持続的に急激な増加となっている。それ以降、8月が谷となり、1929年1月が峰、7月と8月が谷と変動し、それから増減を繰り返しながら1930年11月に至るまで増加傾向を辿っていった。11月から1931年4月までほぼ安定的に推移し、5月に若干増加して6月、7月、8月と減少し、8月が谷となって再び増加に転じているが、11月が峰となり12月には減少している。

　貨幣総量の趨勢については、インフレーション過程における増加、安定化政策のもとでの減少、その後における景気の好転と経済の繁栄に基づく急激な増大は上述の二つの貨幣量とほぼ同じ趨勢を辿っている。1928年8月の谷はフランスの銀行が市場の余剰な資金の捌け口を外国市場に求め、資本が海外に流出したためである。(30) 1929年1月から7月までの減少は、金利の相対的に高いドイツおよびアメリカでの資金運用のために、資本が流出した結果であり、8月から11月までの増加はニューヨーク株式市場の壊滅的打撃から生じた信用不安による資本の還流に基づくものである。(31) 1929年12月、1930年3月および9月、1931年8月のそれぞれの谷は、国庫および独立償還金庫による国債の買戻しが市場への資金放出となり、市場利子率が低下し、より有利な資金運用のために資本が国外流出したことによる。(32) その後の変動については商業銀行預金との関連において説明がなされるであろう。

163

貨幣総量の50％前後を占める商業銀行預金量はつぎのように変動している。

商業銀行預金 　　　　　10億フラン

月	1926	1927	1928	1929	1930	1931
1	53.96	61.50	72.92	93.96	91.76	87.88
2	54.57	64.92	72.42	94.13	93.29	87.11
3	54.03	69.84	76	90.74	91.46	86.88
4	54.99	66.52	78.34	89.71	92.42	87.16
5	57.95	66.51	91.87	89.54	94.80	87.50
6	61	67.31	90.64	88.66	95.21	86.57
7	63.69	69.36	92.92	86.67	94.48	82.40
8	62.29	65.50	91.87	86.51	93.55	80.77
9	59.63	66.08	89.73	87.57	90.76	77.30
10	63.27	68.83	91.10	91.47	91.86	77.70
11	59.92	67.82	91.63	90.64	91.76	76.54
12	61.58	70.76	95.15	90.62	89.53	75.15

出所：J.P.Patat et M.Lutfalla, op. cit. pp.252-255.

商業銀行預金の変動傾向は1930年6月までは貨幣総量のそれと大体同じであったが、それ以降、貨幣総量が1930年9月を除き1931年5月までほぼ同一水準に保たれているのに、商業銀行預金は一時的増加があるものの、どんどん減少傾向を辿っていく。そして、1931年6月からは両者ともに減少傾向になっていくのである。世界大恐慌のフランスへの波及は1930年第2四半期頃から現れてきているし、1931年6月には中央ヨーロッパで金融恐慌が勃発して資本の還流が行なわれた。その影響が貨幣資産の保有構成に現れてきたのであろう。人びとはより安全な貨幣資産を選好するようになり、不安な商業銀行預金を引出し、他のより安全な貨幣資産にして保有することになる。すなわち、商業銀行預金は金および銀行券、公的保証のある金融機関（フランス銀行および貯蓄金庫）の預金へ転換され、また中小

の商業銀行から大商業銀行に移動したのである。商業銀行預金は1930年6月から1931年6月までは貨幣総量を構成する他の貨幣資産へ、1931年7月からは貨幣総量以外の貨幣資産へ転換されたことになる。

　1926年から1931年にかけての期間について年平均でみるならば、貨幣供給量は年々増加しているし、貨幣総量は1926年から1930年まで増加し、1931年には若干減少している。しかし、この減少は金融恐慌の影響によって商業銀行預金からより安全なほかの貨幣資産へ転換させた結果であり、貨幣資産は豊富に存在していたとみるべきであろう。

3．物価の動向

　1926～31年の物価の動向をみるために、卸売物価および小売物価を取り上げて考察していくことにしよう。それらの指数は以下の表に示されているように推移している。

卸売物価指数（45品目）　　（1914年7月＝100）

月	1926	1927	1928	1929	1930	1931
1	647	635	620	644	576	494
2	649	645	622	652	576	492
3	645	655	636	653	565	492
4	664	650	637	640	560	494
5	702	642	646	636	553	480
6	754	636	639	623	544	478
7	854	636	637	626	549	466
8	785	631	630	609	533	455
9	804	613	633	610	535	437
10	768	600	630	602	519	423
11	698	607	639	598	504	417
12	640	617	637	588	498	413

出所：A.Sauvy, op.cit., p.498.

小売物価指数（13品目）　　　（1914年7月＝100）

月	1926	1927	1928	1929	1930	1931
1	480	592	530	599	609	649
2	495	585	522	602	598	650
3	497	581	524	607	591	647
4	503	580	532	615	586	641
5	522	589	546	626	590	634
6	544	580	557	624	593	632
7	574	557	547	606	601	615
8	587	539	540	606	626	595
9	590	532	544	602	627	588
10	624	520	566	612	637	571
11	628	500	585	618	647	555
12	599	523	596	614	649	557

出所：A.Sauvy, op.cit., p.499.

　1926年の物価は、為替相場の変動、不作による農産物価格の顕著な上昇およびイギリスの炭鉱ストライキによる石炭価格の高騰によって左右された。1月から3月まではドル相場の上昇にもかかわらず、物価は比較的安定していたが、4月から上昇に転じ、卸売物価は7月に最高に達し、年初に比して30％以上の上昇であった。その間にドル相場は50％以上も上昇している。しかし、7月下旬にポアンカレ内閣が成立し、フラン安定化の準備が進行するにつれて、ドル相場が下落したので、輸入生産物の価格も低下し、工業原料の価格は低下した。不作による農産物価格の上昇にもかかわらず、卸売物価は下落傾向を辿り、12月には7月の最高水準より33％ほど低い水準までになった。小売物価は上昇傾向が11月まで続き、年初に比しておよそ31％の上昇となり、その後、牛乳、ワインなどは例外的に上昇したけれども、全般的には下落傾向を辿った(35)のである。

　1927年に入ってからは、2月、3月には食料品および工業原料の価格が

上昇し、それが卸売物価指数を引上げたけれども、その後10月までは工業原料価格はほぼ安定し、食料品価格が下落したので、卸売物価は低下した。その下落は最も高かった1926年7月に比して42％にも達した。豊作による農産物価格の下落は保護関税の措置によって部分的に阻止されたし、工業生産活動が回復し、また活発になったので、物価は持ち直し始めた。小売物価は1926年12月から1927年11月まで連続的に下落し、その下落は20％にもなった。食料品価格の下落がとくに顕著であり、衣服の価格もさらにいっそう低下した。[36]

1927年11月からの卸売物価の上昇は1928年に引き継がれた。6月から10月まで僅か3％の下落があったが、それは工業原料のなかに6月から10月まで、また食料品価格のなかに5月から8月まで低下したものがあったからであり、11月から再び上昇に転じている。1928年の1年間における上昇率は0.4％弱であるから、全般的に見るならば、若干上昇気味であるがほぼ安定していたとみるべきであろう。小売物価については、6月から8月までの季節的低下があったけれども、全般的に上昇傾向が続いたといえよう。[37] 1928年1月の530から12月の596まで上昇し、その上昇率は12％であった。

1927年11月からの卸売物価の上昇は1929年3月まで続いたが、4月から下降に転じ、その下落は年末まで急速に進行していった。3月から年末までの下落率は12％であった。125品目の加重指数によれば、農産物および食料品は2月から下落し、9月、10月には上昇したが、その後に急速に低下する。とくに植物性食品が低下したが、動物性食品は年末には年初より高い水準に維持されていた。工業生産物については、繊維、皮革およびゴムは下落し、鉱物と金属、紙、木材、セメント等の建築資材は上昇している。なお外国貿易の対象となる商品については、1929年第1四半期と1930年第1四半期とを比較すると、輸入原材料が10％下落したのに輸出製造品は僅かに上昇している。小売物価は1928年から引き続き4月まで上昇し、6月から若干下落するも、10月から再び上昇した。小売物価指数は1928年11月の585から1929年11月の618まで6％の上昇率であった。[38]

1930年の卸売物価は7月の僅かの持ち直しを除き、1929年よりもいっそうの下落が続いた。年間を通しての低下率は1929年が10％であったのに、1930年には14％にも達した。フランの平価切下げを考慮に入れるならば、卸売物価は1914年の水準にほぼ戻ったことになる。農産物および食料品は5月まで下落するが、8月から上昇して12月には年初より高い水準になっている。工業原料については、セメント、レンガ等の建設資材を除き、すべての生産物が軒並み下落している。そのなかでもっとも下落したのは繊維製品であった。国内生産物指数と輸入生産物指数との開きは、1929年においても顕著に生じていたが、1930年にはその開きをさらに拡大させた。小売物価は1930年4月まで下落が続いたが、5月から上昇し、12月にはそれまで達したことのなかった水準になった。5月から12月までの上昇率は10％を越えていた。小売価格の上昇した品目は卸売価格で上昇した品目と対応する傾向になっている。肉類とパンは上昇し、馬鈴薯、ワインおよび砂糖は下落した。[39]

　1929年の春から始まった世界的な物価の下落傾向が持続するなかで、フランスもその流れのなかに巻き込まれ、1931年の物価は1930年よりさらに加速的に下落することになる。卸売物価は1931年の最初の4ヶ月は比較的安定していたが、それ以後1932年1月まで引き続き下落した。1931年初めから1932年1月までの下落率はほぼ20％であり、下落傾向になる直前の1929年3月と1931年12月とを比較すると、下落率は約37％になる。126品目の卸売物価指数によれば、農産物および食料品については、1930年後半から生じた下落の動きは1931年に入っても続き、その下落は5月からとくに激しくなったが、11月と12月には若干上昇している。工業原料については、すべての部門で下落が生じている。1931年4月と1932年4月とを比較すると、価格低下率の激しい順に上げれば、皮革とゴム38％、木材32％、繊維29％、紙および建築資材13.8％、化学製品14％、セメント、レンガおよびガラス13％、鉱物および金属12％であり、工業原料全体の下落率は33％であった。小売物価については、1930年5月からの上昇が1931年2月ま

で続き、その後はほぼ連続的に下落し、そして、1931年末から下落速度は著しく低下した。1931年2月と1932年2月までの間には、砂糖が若干上昇しただけで、他のすべての商品が下落した。[40]

さて、1926年から1931年までの全体を通して物価の動向をみるならば、卸売物価は、1926年1月から7月までのインフレーションの過程で上昇し、8月から1927年10月まで安定政策により生じた景気の後退によって低下し、ついで11月から1929年4月まで景気の好転によって上昇を続けた。その間の上昇率は7％であった。その後1931年12月に至るまで、卸売物価は、安定的な一時期もあったが、ほぼ傾向的に下落を辿っていく。1931年12月の水準は1929年3月に比して37％、また1926年9月に比して49％の下落であった。小売物価は、1926年1月から11月まで上昇したが、12月から1927年11月まで低下し、その後1929年5月までの期間には、僅かな低下もあったが、上昇傾向を辿った。そして、1929年7月から9月まで低下、10月から1930年1月まで上昇、2月から9月まで下落、10月から1931年2月まで上昇と、下落上昇が繰り返されたけれども、1929年6月から1931年2月までの期間は下落傾向にあったとみることができよう。以後1931年3月から急速に下落する。

以上に述べた物価の動向を貨幣量の推移と対照させて見よう。まず、年平均の物価指数でみるならば、卸売物価は1926年に上昇し、1927年に下落するが、1928年にはほぼ同じ水準を維持して、1929年以降下落に転じ、1930年、1931年と急激に下落した。小売物価は1926年から1927年へほんの僅か上昇し、1928年には僅かに下落し、1929年、1930年と上昇して、1931年には下落している。これに対して、貨幣供給量は1926年から1931年まで連続的に増加し、貨幣総量は1926年から1930年まで引き続き増加し、1931年に減少しているのであった。したがって、1929年および1930年の卸売物価の下落と1928年の小売物価の下落は貨幣量増加のもとで起こっていた。1931年については、両物価とも下落し、貨幣総量も下落しているので、両者は対応するが、貨幣供給量は増加しているので対応しない。なお、貨幣

総量の減少はより安全な貨幣資産への移行によるものであり、貨幣総資産が減少したわけではないことを考慮に入れておくべきであろう。

　つぎに、月別の物価指数についてみるならば、卸売物価の動向は、1926年1月から3月まで比較的安定していたが、4月から9月まで急激に上昇し、それ以後1927年1月まで急激な下落となり、1月から3月まで若干上昇するも、再び下降に転じて10月に至り、ついで1928年5月まで上昇している。さらに、その動向は1929年3月まで下がり気味ながら安定的に推移し、それ以後1931年末までほぼ連続的に下落している。小売物価については、その動向は1926年1月から11月まで激しく上昇し、それから1927年11月まで（5月の僅かな上昇を除き）下降傾向を辿り、12月から反転して1929年5月まで上昇していく。それ以後、1929年9月谷、1930年1月峰、同年4月谷、そして1931年2月峰と下落上昇を繰り返し、同年3月から下落していくことになる。卸売物価の動向と小売物価の動向に相異が現れてくるのは1928年中頃からである。

　この物価の動向と貨幣量の推移とを大まかに対照させて見よう。まず、インフレーション過程と安定政策の実施過程における物価の上昇下落と貨幣量の増加減少との対応は、卸売物価、小売物価のいずれにも、またすべての貨幣量の把握についても当てはまるようである。しかし、銀行券と銀行券＋当座勘定および預金は1927年3月ないし4月から上昇していくのに、卸売物価は1929年4月から下落傾向を辿っていくので、1929年4月以降については両者は対応関係になく、反対方向を辿っていく。また、小売物価は、1929年5月の峰から1930年4月の谷までの期間、一つの峰があるが、どちらかといえば下落傾向にあり、さらに1931年2月以後には下落していくから、この二つの期間については両者は対応していないといえよう。つぎに、貨幣総量との対照については、それが1927年6月から1931年5月まで上昇傾向にあるとみるならば、卸売物価の1929年3月から1931年5月までの期間および小売物価の1929年5月から1930年4月までの期間については下落傾向にあるので対応していないことになる。

4．経済活動の状況

経済活動の状況をみるために、その指標として国民所得と工業生産を取り上げることにし、まず、国民所得の推移をみよう。A.ソーヴィが「国民所得に関する委員会の一般報告書」における数値をL.A.バンサンの考察を考慮に入れて若干訂正した国民純所得はつぎのように表示されている。[41]

国民所得

	時価表示の国民純所得 10億フラン	使用された物価指数 1913年＝100	1938年フラン表示の国民純所得 10億フラン	数量表示の国民所得 1913年＝100
1926	278	567	342.5	117.9
1927	272.5	575	331	113.5
1928	285.5	575	346.5	120.0
1929	334	601	388.5	133.5
1930	332	599	387	132.7
1931	312.5	585	373	127.9
1938	347	698	347	119.0

出所：A.Sauvy,op.cit., p. 277.

時価表示の国民純所得をみると、1926年は2,750億フランであったが、1927年には2,725億フランとなり、2％ほどの減少となったが、1928年および1929年には2,855億フラン、3,340億フランとなり、それぞれ前年比4.8％、17％ほどの増加となった。そして1930年には3,320億フランとわずか0.6％ほどの減少となり、さらに1931年にも6％程度減少して3,125億フランとなっている。したがって、時価表示の国民純所得は前年と比較して1927年に減少し、1928年、1929年に増加し、1930年と1931年に減少している。この変動傾向は、公式に計算された規則的系列の初年度にあたる1938年のフラ

ンを基準とした国民純所得および数量表示の国民所得についても同様である。勿論、増減率はそれぞれの国民所得において違いがあり、1927年の減少率と1928の増加率では数量表示の国民所得が高く、1929年の増加率と1930年および1931年の減少率とでは時価表示の国民純所得が高くなっている。

　この国民所得の変化と貨幣量の推移を対照すると、貨幣供給量は1926年から1931年まで連続的に増加し、また貨幣総量は1926年から1930年まで増加し、1931年に減少したのに、国民純所得は1927年に減少し、1928年と1929年に増加し、1930年、1931年と減少していた。したがって、それらの増減の相違は、貨幣供給量に対しては1927年、1930年および1931年に、また、貨幣総量に対しては1927年と1930年に現れている。国民純所得は1930年から減少し始めたのに、貨幣総量は1931年になって初めて減少しているのである。

　つぎに、工業生産活動についてみれば、月別工業生産指数はつぎのようになっている。

月別工業生産指数　　　1913＝100

月	1926	1927	1928	1929	1930	1931
1	118	122	117	137	144	133
2	119	116	119	136	144	133
3	122	109	122	138	144	132
4	125	104	124	139	144	131
5	126	104	127	139	144	129
6	129	106	129	141	143	126
7	129	105	130	139	141	123
8	130	107	130	139	139	121
9	130	108	129	138	137	119
10	131	110	131	141	136	117
11	131	113	132	143	136	114
12	128	115	134	144	134	111

出所：A.Sauvy, op.cit., p.464.

工業生産活動は1925年8月まで若干低下傾向にあったが、その後上昇に転じ、1926年に入ってもその上昇は持続していた。工業生産指数は1925年8月には105まで下がっていたが、1926年10月に131にまで上昇した。しかし、ポアンカレの安定政策によって金購入価格の引下げが順次行なわれ、このデフレーション政策の結果、景気の後退が生じ、工業生産指数は12月には128となり、1927年5月には104に、ほぼ20％低下している。

各工業部門の生産指数についてみるならば、自動車産業は1926年8月には597まで上がっていたが、1927年2月に440まで激しく低下している。冶金産業は1926年12月の118から1927年2月に109に低下し、4月、5月には僅かに回復している。繊維産業については、木綿、羊毛および絹が戦前に比して1926年にそれぞれ79、102、105にまで回復していたが、12月から低下し始め、木綿が1927年7月に72へ、羊毛が1月に87へ、そして絹が2月に73へ低落している。採掘産業は1925年に戦前水準を越え、1927年2月には124に達し、それから低下するが、1927年の間はほぼ115の水準を維持している。建築産業は、調整指数によってみると、1926年11月にピークの110に達し、12月から顕著に下降し、その下降は1927年8月まで続き、64にまでなった。(42)

産業が景気の後退を乗り越えて回復に向かうのは、工業生産指数でみると1927年6月以降であり、4月および5月が104にまで低下し、それから1930年5月まで好況を維持して発展を遂げていくのであった。とくに1928年11月以後には経済発展が加速されたが、1929年12月に144に達した水準がそのまま1930年5月まで持続されるのである。アメリカが1929年6月に189の頂点に達して同年12月には151までにも低下し、ドイツが1929年6月に119の頂点に達して12月には104にまで低下し、それぞれ低下率が20％と13.5％とであったのに対照すれば、フランスへの大恐慌の波及は遅れていたのである。(43)

各産業部門については、自動車産業は1927年3月からはっきりと回復に向かい、1928年第2四半期には僅かな低下があったが、1929年初めには生

産指数が700まで上昇した。しかし、この産業は世界恐慌の影響を早く受け、1930年第1四半期には平均指数が662になった。冶金産業は1927年9月から規則的に発展を遂げ、1928年12月に133の水準に達し、その後1929年間を通して1930年3月まではほぼ同じ水準が維持された。繊維産業は1927年7月が谷の84となり、1928年の4月および5月に103の峰に達していた。しかし、1928年第2四半期頃から低下傾向が目立ち始めた。ヨーロッパ石炭恐慌の関連において、採掘産業は1927年2月に峰となり、それ以後1927年中は低下していたが、1928年および1929年の産業の回復によって急速な回復が可能になり、1930年の第1四半期には戦前水準を30％も越えていた。建築産業については、はっきりした回復が1927年9月から始まり、1928年から1929年を通して発展が続き、1930年3月には142にまで達していた。

アメリカで勃発した恐慌は各国にその影響を及ぼしていったが、フランスへの影響が比較的遅かったのは、フランスの国内市場が補完的役割を果たしたからだといわれている。すなわち、鉄道建設、農村の電化、合理的耕作の拡大、低家賃住宅の建設が冶金産業、電気機械製造、肥料および建築産業に需要の拡大と利益の増加をもたらしていた。しかし、工業生産の総合指数は1930年6月から下降し始め、1931年1月および2月には下降への抵抗もあったが春までは徐々に下落し、その後は下落が加速されていった。1930年5月の144から1931年12月の111までの低下率は約30％であった。

それぞれの産業部門の生産活動においては、皮革産業が1929年4月、繊維産業が1929年5月にすでに後退し始めていたが、1930年に入って、1月には自動車産業、3月には化学産業、10月には冶金産業および機械製造、11月にはゴム産業、12月には木材産業といった部門で大恐慌の影響が次第に現れ、生産活動の後退が生じてきた。1930年から1931年までの生産量の減少は、糸および織物が17％、冶金生産物が18％、機械産業が13.5％、自動車が6％、化学産業が22％であった。自動車の輸出が24％も減少したのに、その生産量の減少が少なかったのは、軍隊の機械化による国からの需要がかなりあったからであった。

第7章　貨幣数量、物価および経済活動

　上述の月別工業生産指数から年平均の指数を計算するならば、その指数は1926年が126.5、1927年が109.9、1928年が127、1929年が139.5、1930年が140.5、1931年が124.0となる。工業生産は1927年に低下し、1928年、1929年、1930年と増加し、1931年には再び低下している。貨幣供給量は1926年から1931年まで引き続き増加していた。したがって、1928年、1929年、1930年については両者はともに増加し対応関係にあるが、1927年と1931年は工業生産が減少しているのに、貨幣供給量が増加しているので、両者は逆の関係になっている。また、年平均の貨幣総量は1926年から1930年まで増加し、1931年には減少していた。かくて、1927年は貨幣総量が増加し、工業生産が減少しているので、両者の関係は逆になるが、他の年については両者とも増加しているので、対応していることになる。

　つぎに、月別工業生産指数の変動は、1926年1月から11月まで上昇し、それ以後1927年5月まで低落したが、次の月から1929年12月まで引き続き上昇している。そして、それ以降は1930年5月まで同一水準を維持し、それから1931年末まで低下の傾向を辿っている。これに対して、フランス銀行の銀行券＋当座勘定および預金の量は、1926年2月から8月まで増加し、9月から1927年3月まで減少しているが、それ以後は1931年末まで増加傾向を持続している。この貨幣量と工業生産指数とを対照すると、1926年初めから1927年3月の期間は、増加の頂点のズレがあるが、増加減少が対応しているし、1927年4月から1930年5月までの期間はともに増加しているので対応関係にあるが、1930年6月以後の期間には、工業生産指数が低下しているのにこの貨幣量はかなり急激に増加しているから、両者は対応関係にない。

　さらに、工業生産指数と貨幣総量とを対照するならば、ごく短い期間の変動を除外して考えると、1926年に入ってから1927年5月までの期間は、工業生産指数が上昇下落し、貨幣総量が増加減少しているので、両者は対応関係にある。また、1927年6月から1929年1月までの期間は両者ともに上昇増加して対応している。しかし、同年2月から6月までの期間は、資

本が外国に流出して貨幣総量が減少しているのに、工業生産指数は上昇しているし、また、その後7月から1930年5月までの期間は、貨幣総量に増減の変動があるが、増加傾向とみれば、両者とも増加して対応関係が現れるが、1930年6月から1931年5月までは工業生産指数がかなり低落するのに、貨幣総量は安定的、ないし若干増加ぎみであり、対応していないように思われる。それ以後の期間については両者とも低下減少して対応しているようにみえる。

おわりに

　フリードマンとシュワルツは貨幣と物価および経済活動との関係を相互依存関係としたが、支配的影響の作用方向としては貨幣→物価および経済活動であると主張した。それに対して、マルクはフランスにおける年別貨幣供給量を計算し、フリードマンとシュワルツの述べている支配的影響の作用方向が当てはまらない期間として1926〜31年の事例を挙げたのであった。フランスにおけるこの期間はインフレーションとデフレーション（金買上価格の引上げ）の時期および景気の好転による経済繁栄と世界恐慌の波及による景気後退の初期にあたる。
　インフレーションとデフレーションの時期については、インフレーションにおいては貨幣量の増加と物価の上昇および経済活動の拡大とが対応関係にあり、またデフレーションにおいては貨幣量の減少と物価の下落および経済活動の縮小とが対応していることは、時期的なズレがあるものの、銀行券、銀行券＋フランス銀行の当座勘定および預金、貨幣総量の数量の変動と国民純所得、物価指数および工業生産指数の変動との対照によって明らかである。このように対応関係があるのは、インフレーションとデフレーションが貨幣現象であるからであろう。インフレーションは貨幣量の増加が流通必要貨幣量を越えて価格標準の切下げとなり、物価の騰貴を引き起こして生産活動を活発にするし、デフレーションは価格標準の切上げ

第7章　貨幣数量、物価および経済活動

によって物価を下落させ、生産活動の縮小となり、貨幣量の減少となるからである。

　景気循環の期間については、貨幣量と物価および工業生産活動との関係は、景気が上昇していく過程においては対応しており、銀行券、銀行券＋フランス銀行の当座勘定および預金、貨幣総量のすべてが増加し、物価が上昇し、工業生産も拡大している。しかし、景気が頂点に近づき、景気の後退が始まる局面になると、すべての貨幣量が増加していく傾向にあるなかで、物価は下落し始め、工業生産は頭打ちになり、やがて縮小していった。したがって、このような局面では貨幣量と物価および工業生産とが対応しない関係が起こりうることになる。卸売物価が下落し始めるのは1929年4月からであり、工業生産の低下は1930年6月からであった。

　フリードマンとシュワルツは、短期の景気循環における貨幣と事業との関係について、支配的な影響の方向が貨幣→事業であるが、その反射的な影響として事業→貨幣の方向もあることを指摘し、その事例の一つとして1929〜33年を挙げて、両者が相互依存の関係にあると述べていた。すなわち、貨幣量の減少が物価の下落と経済活動の縮小を引き起こし、その反射的影響として物価の下落と経済活動の縮小が貨幣量を減少させるのである。しかし、マルクの挙げたフランスにおける1926〜31年の事例においては、景気が後退して卸売物価が下落し、工業生産活動が縮小していくのに、貨幣供給量が増加しているのである。両者は逆方向であり、相互依存関係にないといえよう。景気循環のこの局面については、この現象が例外なのか、あるいはそうでないのか、もっと事例をいくつか検討して見る必要があるように思われる。

注

（1）M.S.Marc, Histoire monétaire de la France, 1800-1980, Presses Universitaires de France, 1983, p.374.

（2）É.Bonnefous, Histoire politique de la troisième Répubulique, Tome

IV, Cartel des Gauches et Union nationale (1924-1929), Presses Universitaires de France, 1973, pp.131-132.
(3) É.Bonnefous, op.cit., pp.155-156.
(4) É.Bonnefous, op.cit., p.162.
(5) É.Bonnefous, op.cit., p.168.
(6) R.Sédillot, Le Franc, Recueil Sirey, 1953, pp.271-272.
(7) R.Sédillot, op.cit., p.273.
(8) R.Sédillot, op.cit., p.274. É.Moreau, Souvenirs d'un Gouverneur de la Banque de France, Librairie de Médicis, p.182, p.186 et p.188.
(9) La France économique en 1928, Revue d'Économie politique (以下R.É.P.と略記する), 1929, p.526.
(10) A.Sauvy, Histoire économique de la France entre les deux guerres (1918-1931), *, Fayard, 1965, p.263.
(11) A.Sauvy, op.cit., p.263.
(12) R.Sédillot, op.cit., p.271.
(13) A.Sauvy, op.cit., pp.89-90.
(14) A.Sauvy, op.cit., p.94.
(15) É.Bonnefous, op.cit., p.347.
(16) É.Bonnefous, op.cit., p.359.
(17) A.Sauvy, op.cit., p.227.
(18) É.Bonnefous, op.cit., p.377.
(19) É.Bonnefous, op.cit., p.380.
(20) É.Bonnefous, Histoire politique de la troisième Répubulique, Tome V, La République en Danger: Des Ligues au Front populaire (1930-1936), Presses Universaires de France, 1973, p.10 et p.13.
(21) É.Bonnefous, op.cit., p.21.
(22) É.Bonnefous, op.cit., pp.26-27, p.29 et p.39.
(23) A.Sauvy, op.cit., p.264.
(24) É.Bonnefous, op.cit., pp.89-90.
(25) La France économique en 1931, R.É.P., 1932, p.656.
(26) A.Sauvy, Histoire économique de la France entre les deux Guerres (1931-1939), **, Fayard, 1967, p.25.

第7章　貨幣数量、物価および経済活動

(27) É.Bonnefous, op.cit., pp.101-102.
(28) H.Guitton et G.Bramoullé, la monnaie, Dalloz, 1978, pp.192-193.
(29) M.S.Marc, op.cit., p.38.
(30) La France économique en 1928, R.É.P., 1929, p.446.
(31) La France économique en 1929, R.É.P., 1930, pp.540-541.
(32) La France economique en 1929, R.É.P., 1930, p.515. La France économique en 1930, R.É.P., 1931, p.563. La France économique en 1931, R.É.P., 1932, p.653.
(33) La France économique en 1931, R.É.P., 1932, p.659-660.
(34) La France économique en 1931, R.É.P., 1932, p.664.
(35) La France économique en 1926, R.É.P., 1927, pp.253-255 et p.260.
(36) La France économique en 1927, R.É.P., 1928, pp.410-411 et p.427.
(37) La France économique en 1928, R.É.P., 1929, p.376 et p.386.
(38) La France économique en 1929, R.É.P., 1930, pp.450-451, et p.462.
(39) La France économique en 1930, R.É.P., 1931, pp.489-490, p.493 et p.499.
(40) La France économique en 1931, R.É.P., 1932. pp.549-550 et p.566.
(41) A.Sauvy, Histoire économique de la France entre deux Guerres (1918-1931), *, Fayard, p.227.
(42) La France économique en 1927, R.É.P., 1928, p.777, p.779, pp.780-781 et p.783.
(43) A.Sauvy, op.cit., p.115.
(44) La France économique en 1928, R.É.P., 1929, p.656.
(45) La France économique en 1929, R.É.P., 1930, p.656, p.659 et p.661.
(46) La France économique en 1930, R.É.P., 1931, p.691 et p.695.
(47) La France économique en 1930, R.É.P., 1931, pp.700-701.
(48) La France économique en 1931, R.É.P., 1932, p.780.

第8章 『資本論』と金融政策

はじめに

　20世紀末から21世紀初頭にかけて日本経済は深刻な不況に見舞われ、財政の出動を含めて種々の不況対策が講ぜられた。金融政策においても、日本銀行は金利をゼロに達するまで引下げ、大量の資金供給を行ない、貨幣市場において資金が有り余るほどの状況になったのであるが、それにもかかわらず、景気の回復は一向に進まなかった。当時の経済状況から判断するならば、不況を克服し、景気を回復軌道に乗せるためには、金融緩和政策はあまり効果がないのではなかろうか、という印象を与えたのであった。金融政策に関しては、その効果の非対称性も指摘されている。もしそうであるとすれば、恐慌や深刻な不況に見舞われないためには、好況期において早めにタイミングのよい金融引締政策によって景気の行き過ぎを阻止していくことにかかっているといえよう。

　さて、1936年にJ.M.ケインズの『雇用、利子および貨幣の一般理論』が出版されてから第二次世界大戦後にかけて彼の経済学が支配的であった時期には、その理論体系からの帰結として金融政策の有効性に疑問がもたれ、むしろ財政政策が注目され重視される傾向にあった。しかし、ケインズ経済学に基づく政策が、スタグフレーションといわれるような事態をも引き起こし、その政策に限界のあることが指摘されるようになり、また、アメリカにおける政治・経済情勢の動向に影響されて、経済学の流れはケインズからフリードマンへと移っていくことになる。フリードマンの経済学は、アメリカの貨幣史に関する実証的研究に基づいて理論構成された新しいタイプの貨幣数量説である。彼の経済学を信奉する経済学者たちのグ

ループがマネタリズムと自称しているように、かれらの理論は貨幣数量を重視する理論体系であり、金融政策の有効性が理論的に認められるようになって、金融政策の復活が企図されるようになった。しかも、金融政策においても、金利や信用のアベイラビリティを操作する政策ではなく、貨幣の数量政策に重点が置かれる政策になってきている。⁽¹⁾

　上述のように、ケインズおよびフリードマンによる金融政策の評価が全く異なるのは、両者の経済理論の体系における相異に基づくと考えることができよう。経済学の理論体系が異なれば、金融政策に関する評価もまた違ってくるはずであるから、ここではマルクスの『資本論』の理論体系を前提して金融政策を考えてみよう。そこで、『資本論』の理論体系のなかから金融政策を考えるにあたって必要と思われる箇所を説明し、その論理に基づいて金融政策に関して考察を加えてみることにしよう。

1．貨幣の流通量

　商品経済においては、社会は商品交換によって成り立っている。商品交換は、商品を非使用価値の持ち手から使用価値となる持ち手に移転させ、社会全般にとって必要な生産物を社会の隅々にまで行き渡らせ、人びとの欲望を満たしている。したがって、商品交換の過程は社会の物質代謝の過程であり、社会の存立にとって基本的関係である。[2]それは商品（W）─貨幣（G）─商品（W）という形態変化によって行なわれる。すなわち、両極に立つ商品が貨幣の媒介によって相互に変換される形態をとっている。商品が貨幣に換えられ、その貨幣がさらに商品に換えられるのである。この商品の形態変化において、その目的とするところは商品と商品との交換であり、W─Wである。[3]したがって、商品の動きがあってそれに伴って貨幣の動きが生じているのであり、貨幣の運動が商品の運動を引き起こしているのではない。

　一商品の形態変化は他の商品の形態変化と互いに関連しあい、絡み合っ

ている。商品W_1の形態変化は$W_1—G—W_2$であり、商品W_2の形態変化は$W_2—G—W_3$である。前者の貨幣から商品への転換$G—W_2$は後者の商品から貨幣への転換$W_2—G$である。また、後者の$G—W_3$は商品W_3の形態変化$W_3—G—W_4$における$W_3—G$に対応する。このように、ある商品の形態変化が示す循環と他の商品の形態変化が示す循環との絡み合いにおける総過程は、商品流通として現象する。この商品流通においては、貨幣はたんに媒介者として流通手段の機能を果たしているにすぎない。かくて、商品が流通し、それに伴って貨幣が流通しているのであり、貨幣が商品を流通させているわけではない。

　商品の形態変化においては、商品の運動は商品から出発して商品に終わるという循環運動をしている。これに反して、貨幣の運動は商品の流通を媒介することによってその出発点からますます遠ざかっていく。この両者の運動形態における相異は商品の運動から貨幣の運動を独自化させる契機となる。さらにまた、貨幣の運動が常に商品の買い手から売り手へと手渡される一方向の単純な同一の過程を繰り返しており、貨幣は商品の価格を実現し、購買手段として機能している。この一方向の単純な運動は、貨幣の運動が商品の二重の形態運動から生じているのにもかかわらず、貨幣の側からみるならば、この商品の形態運動を覆い隠してしまうのである。

　商品の形態運動の前半$W—G$においては、商品と貨幣との位置転換が行なわれ、商品の使用価値姿態は流通から消費へと移っていくのであるが、そこでは、商品の運動が行なわれ、それと同時に貨幣の運動が生じている。しかし、商品の形態変化の後半$G—W$は、買い手から売り手への貨幣の運動であり、貨幣の一方向への運動と同一であり、それ以後には、運動の連続性は貨幣の側に主導権が移っていくかのようにみえる。かくて、商品の形態変化である互いに対立し合う二つの過程を含む商品の運動は、そこに貨幣独自の運動を含んでいるゆえに、商品流通の結果として生ずる商品の商品による代置が、商品自体の形態変化によって起こるのではなく、流通手段としての貨幣の機能を介して行なわれているようにみえてくる。し

がって、貨幣の運動は商品流通を表現しているにすぎないのに、その関係が完全に逆転されて、商品流通が貨幣流通の結果であるかのようにみえてくるのである。[7]

　商品の流通が貨幣の流通によって引き起こされるかのようにみえる外観に惑わされることなく、貨幣の流通が商品の流通に即応じて現れるという認識に立つならば、流通手段として機能する貨幣の数量は商品側の条件によって規定されてくることになる。商品は価格を付けられて流通に入りその価格において交換されるべき貨幣量を観念的に表示している。流通手段としての貨幣は商品と相対して交換されるのであるから、その商品を流通させるためには、商品の価格に等しい貨幣が必要になる。社会全体においては、同時に、空間的に相並んで、多数の商品が一方的な形態変化をとげているのであるから、それら諸商品の価格総額に等しい貨幣数量が必要になる。かくて、流通手段として必要な貨幣数量は、まず、実現されるべき諸商品の価格総額によって決められてくることになる。[8]

　諸商品の価格総額は各商品の価格×数量を諸商品について合計したものである。いま、実現される商品数量に変化がないとすれば、商品の価格が上昇すると、商品価格総額が増加して必要な貨幣数量は増加することになるだろうし、価格が下落すると、商品価格総額が減少して必要な貨幣数量は減少するであろう。また、商品の価格が不変であるとすれば、実現される商品数量が増加すると、商品価格総額が増加して必要な貨幣数量は増加することになるだろうし、実現される商品数量が減少すると、商品価格総額が減少して必要な貨幣総額は減少するであろう。もちろん、価格の変動があっても、その上昇下落が相互に相殺されるならば、また実現される商品数量の変化があっても、その増加減少が相殺されるならば、さらには、両者が共に変化したとしても、商品価格の上昇下落と商品数量の減少増加か互いに相殺されるならば、流通に必要な貨幣数量は変わらないであろう。[9]

　つぎに、商品が時間的に前後して、継起的に流通する場合には、同一の貨幣がつぎつぎに別の商品を流通させることができる。たとえば、５つの

商品の価格がそれぞれ1,000円であるとすれば、これらの商品の価格総額は5,000円になる。それらの商品が同時に、場所的に並んで流通する場合には、流通に必要な貨幣額は5,000円であるが、それらの商品が同一貨幣によって順次流通する場合には、1,000円の貨幣が5回流通してそれらの価格総額を実現することが可能になる。したがって、一定期間に同一の貨幣の流通する回数、すなわち貨幣の流通速度が流通手段として必要な貨幣数量を決定する要因となるので、この要因も考慮に入れなければならない。商品の価格総額が変わらないとすれば、流通に必要な貨幣数量は、貨幣の流通速度が速ければ速いほどより少なくてすむし、貨幣の流通速度が遅ければ遅いほどより多く必要になる。かくて、

　一定期間に流通手段として必要な貨幣数量＝流通する商品の価格総額÷貨幣の流通速度

となる。[10]

　さらに、商品流通が発達してくると、商品の譲渡とその価格の実現とが時間的に分離されて売買されるようになってくる。それぞれの商品によって生産期間、生産される季節、市場まで運送される距離には相違がある。そこで、ある商品の売り手は、すでに生産が完了し、その商品を販売にだしており、早く売りたいと思っている。しかし、その商品の買い手のほうは自分の商品がまだ生産中か、輸送中かであり、購入に充てる貨幣をいまもっていないが、自分の商品が販売された後に代金を支払っていいのであれば、購入したいと思っている。このような関係のなかで、両者にとって都合のいい売買方式がとられるようになる。売り手は、貨幣を受け取ることなく、将来における買い手のたんなる支払約束に基づいて商品を売渡し、買い手は貨幣を手渡すことなく商品を購入する。このような商品取引によって生じた支払約束に基づいて、売り手は債権を保有し、買い手は債務を負うことになる。そして、支払期限が到来した時には、この債権債務を決済するために、買い手は売り手に対して債務額に相当する貨幣を手渡す。この時に手渡された貨幣の機能が支払手段である。[11]

支払手段としての貨幣の流通についてみれば、上述の説明から明らかなように、信用による商品売買が先行し、一定期間後に支払期限が到来し、貨幣が手渡されるのであるから、まず商品の流通が行なわれ、その結果として貨幣が流通することは当然であるといわなければならない。したがって、このような取引の行なわれる商品の側から支払手段としての貨幣数量が規定されてくることになる。かくて、その数量については、まず、商品の掛売・掛買によって形成された債務総額が考慮されなければならない。つぎに、同一の貨幣は、一定期間に、ある債務を決済し、つぎに他の債務を決済するというふうに、つぎつぎに支払手段として流通することができる。この流通回数が多ければ多いほど必要な貨幣数量は少なくてすむし、それが少なければ少ないほど必要な貨幣数量はより多くなる。したがって、この流通回数、すなわち流通速度が考慮されなければならない。この流通速度は債権債務の連鎖と支払期限の長短によって規定されてくる。さらに、債務の支払が同時に並行して行なわれることは、支払手段としての貨幣の節約を可能にする。多数の債務の支払が同一の場所に集められてくると、これらの支払に都合のよい決済機構が自然発生的に形成されてくる。そこでは債権債務が相互につき合わされ、債権債務の相殺が行なわれ、相互に相殺されない額だけが債務残高として決済される。したがって、債権債務の相殺額については、支払手段としての貨幣は不要になるので、それだけ貨幣が節約されることになる。[12]

　これら三つの要因、債務総額、流通速度および債権債務の相殺額を考慮に入れて支払手段として必要な貨幣額を定式化すれば、すなわち、

　　一定期間に支払手段として必要な貨幣額＝（支払期限の到来した債務総額－相互に相殺された債務額）÷（支払手段としての貨幣の流通速度）

である。

　貨幣が現実に流通するのは、流通手段としてか、あるいは支払手段としてか、である。そうすると、一定期間に流通に必要な貨幣額は、流通手段として必要な貨幣額と支払手段として必要な貨幣額とを合算したものにな

るが、しかし、同一の貨幣がある時には流通手段として使用され、他の時には支払手段として使用されるのであるから、両方の貨幣額を合算するならば、同一の貨幣が流通手段として計算され、さらにまた支払手段としても計算されることになり、二重計算になる。そこで、この重複する貨幣額が差し引かれなければならない。[13]

かくて、一定の期間に流通に必要な貨幣総額はつぎのようになる。すなわち、

一定の期間に流通に必要な貨幣総額＝(実現される商品価格総額)÷(流通手段としての貨幣の流通速度)＋{(支払期限の到来した債務総額)−(相互に相殺される債務額)}÷(支払手段としての貨幣の流通速度)−(流通手段として、あるいは支払手段として機能した貨幣の重複額)

である。

そこで、景気循環との関連で述べておけば、恐慌後の沈滞期においては再生産過程が縮小し、商品取引量は減少し、価格は下落するので、貨幣の流通量は減少する。これに反して、繁栄期においては再生産過程が拡張し、商品取引量が増加し、価格が騰貴するので、貨幣の流通量は増大する。したがって、貨幣の流通量は、景気循環によって商品取引量が増減し、物価の騰落する結果として決まってくるのである。

2．貸付資本とその数量

つぎに、貸付資本の問題に移ることにしよう。資本主義生産のもとにおいては、支払われた価値以上の価値を生産過程で生み出す労働力という特殊な商品によって、貨幣は資本に転化可能になる。すなわち、貨幣にとって、G—W…P…W'—G'という運動が可能になり、剰余価値、利潤を生む資本としての機能が貨幣に追加されることになる。貨幣は、貨幣としての本来的な使用価値をもつほかに、資本として剰余価値、利潤を生むという追加的使用価値をもつようになる。かくて、貨幣は、可能的資本としての、

利潤を生む手段としての属性において、一種独特の商品となり、取引されるようになる(14)。

いま、一定の貨幣額、たとえば1,000万円が、産業資本としてであっても、あるいは商業資本としてであっても、資本として機能するならば、通常、1年間に20％の利潤として、200万円が生産されるとしよう。そうすると、1,000万円をもっている貨幣所有者は、1,000万円を1,200万円にする使用価値を、あるいは200万円の利潤を生み出す使用価値をもっていることになる。そこでいま、この貨幣所有者が機能資本家へ1,000万円の貨幣を1年間委譲するならば、機能資本家は、費用も出さず、等価も支払わずに、200万円の利潤を生む使用価値を受け取ったことになる。機能資本家が委譲された1,000万円を資本として投下するならば、かれは1年後に1,200万円の貨幣額を受け取り、200万円の利潤を実現したことになる。機能資本家がこの使用価値に対する代価、利子として利潤の一部60万円を支払うとすれば、機能資本家は、委譲された1,000万円に利子分60万円を加えて、1,060万円を貨幣所有者に手渡すのである(15)。

かくて、資本としての貨幣が商業資本家に委譲されたとするならば、利子生み資本の運動形態はG—G—W—G'—G'となる。この運動形態において、貨幣形態が重複して現れるのはG—GおよびG'—G'であるが、前者は資本としての貨幣の支出であり、後者は実現された資本としての還流である。そして、両者の中間にあたる過程、G—W—G'は商業資本の運動形態にあたる。商業資本の運動形態においては、G—Wは商品の買いであり、W—G'は商品の売りである。両者は商品の姿態転換を表している。しかし、利子生み資本の運動形態におけるG—Gは、Gのたんなる位置転換にすぎず、商品変態の契機でもなく、資本の再生産の契機でもない。つぎのW—G'において初めてこのような契機になりうるのである。したがって、G—Gは貨幣資本家から商業資本家への貨幣の移転にすぎない。商業資本家の手に渡った貨幣は、資本として実現され、剰余価値、利潤を伴って還流してくるが、資本として投下されたその貨幣は、商業資本家のものでは

ないので、貨幣資本家のもとに戻ってくることになる。その際には、資本として支出されているのであるから、たんにGだけではなく、G＋△Gとして還流されなければならない。この△Gは利潤の一部であり、利子の名目で支払われるものである。(16)

　利子生み資本という商品は、貨幣自体の価値が商品化したものではなく、貨幣の資本としての機能、すなわち貨幣の価値増殖能力が商品化したものであり、貨幣価値の所有権が移転されるわけではない。ただし、貨幣の価値増殖能力は貨幣価値から切り離して移転することが不可能であるから、この商品の移転にあたっては、貨幣価値も同時に移転されざるを得ないのである。つまり、貨幣そのものはその価値増殖能力を機能させるために一時的に使用する権利が与えられるにすぎない。したがって、貨幣の所有権は、貨幣が手放されても、依然として貨幣資本家の側にあるとみなければならない。(17)

　流通過程においては、資本財であれ消費財であれ、売り手と買い手との間では、資本としてではなく、たんに商品ないし貨幣として現れる。これら商品および貨幣が資本であるのは、主観的には資本家自身の意識のなかにおいて、客観的には再生産過程の諸契機としての観念的関係においてにすぎない。しかし、利子生み資本においては、その商品は剰余価値、利潤を生む使用価値をもった価値、すなわち可能的な資本として流通する。貨幣資本家は保有する貨幣を価値増殖のために機能資本家へ資本としての商品を手渡し、機能資本家は、資本の運動の中でその価値を維持するだけでなく、価値の増殖を行ない、受け取った価値だけでなく、利潤の一部である利子を付け加えて貨幣資本家へ戻すのである。したがって、利子生み資本という特殊な商品は、売られるのでもなく、支払われるのでもなく、資本として貸付けられるのであり、実現された資本の貨幣資本家への還流は返済となる。かくして、利子生み資本という特殊な商品の取引は貸付と返済という形態をとることになる。(18)

　貸手である貸付資本家から借手である機能資本家への資本の移転は、等

価を受け取ることなしに行なわれる。すでに述べたように、この資本の移転は、現実の資本の循環過程における行為ではなく、これから行なわれる資本の循環の糸口であるにすぎない。この場合における貨幣の位置転換は、売りでも買いでもないから、商品の変態を意味しないし、また等価の受け取りがないので、交換も行なわれていない。また、貨幣の所有権は移転していないのであるから、機能資本家に還流してきた貨幣は、彼のものではなく、その所有権をもつ貸付資本家へ返済されなければならない。したがって、貸手から借手への貨幣の移転G—Gは、現実の再生産過程とはなんらの関係もなく、その手がかりを与えるにすぎず、一つの法律的取引である。そして、還流してきた貨幣を借手から貸手へ返済する行為G'—G'は、先の取引を補完するつぎの法律的取引なのである[19]。

　貸手はかれの貨幣を資本として借手に手渡す。しかし、この移転はなんの変化も生ぜず、一定の貨幣額のたんなる位置転換にすぎない。現実に資本に転化されるのは、借手である機能資本家によってなされるのであり、また、現実に価値増殖されて還流されてくるのも、機能資本家のもとにである。そして、借手から貸手へ利子を加えた貨幣額が返済されてくることになる。返済の行為そのものにおいても、貸付と同様に、一定の貨幣額の位置転換にすぎず、なんらの変化も生じていない。したがって、貸付資本の全運動形態G—G—W…P…W'—G'—G'のなかで現実に資本として機能するのは、産業資本の運動形態G—W…P…W'—G'の過程であり、この過程は貸手と借手との取引から離れた局面で行なわれ、視界に入らないゆえに、消し去られてしまって、貸付資本の運動形態はG—G'と認識されるようになる。かくて、貸付資本の運動は、経済的諸行程の帰結であり、その結果であるにもかかわらず、そのようには認識されず、たんに、貸手と借手との合意に基づく取引行為とみなされるようになる[20]。

　上述の貸付資本の性質および運動を踏まえ、つぎに貸付資本家が貸付けることのできる貨幣資本の数量を取り上げよう。信用制度の発達した国々においては、貸付可能な貨幣資本は、銀行や貨幣貸付業者への預金という

形態で存在するようになると仮定できるので、彼らのもとに預金として集積されてくる貨幣の源泉が考慮されるべきであろう。

　まず、銀行が産業資本家の出納係としての役割を果たすので、生産者や商人の手元に予備金として保有されていた貨幣資本、または彼らに支払われてくる貨幣資本が銀行に預金される。それぞれに保有されていた予備金が銀行に集積され、必要最小限に縮小されることによって貸付可能な貨幣資本に転化可能になる。

　つぎに、利潤のなかで収入として支出されずに貯蓄にまわされる部分であって、それがただちに事業の拡張のために使用されない場合には、その部分は銀行および貨幣貸付業者に預金されることになる。なぜただちに使用されないかは次の二つの理由による。①その事業部門ではすでに資本が飽和状態に達している。②現実に資本としてその事業部門に投下されるためには、その額が一定の大きさに達していなければならない。そこで、現実に資本として投下可能な額になるまで預金として蓄積される。また、利潤のなかから収入として支出される部分についても、それは、収入として受け取ったらただちに全額支出されるわけではなく、必要に応じて徐々に支出されていくのであるから、支出されるまでの間、銀行や貨幣貸付業者のもとに預金としておかれる。そのことは、利潤についてだけでなく、その他の収入、すなわち地代、より高級な形態の賃金、非生産的な諸階級の収入などについても同様にいえる。

　さらに、再生産過程にすでに投下されている資本については、固定資本部分が年々償却されて積立てられていくので、積立てられて再投資されるまでの間、その償却資金は銀行や貨幣貸付業者に預金される。また、原材料等および賃金支払に充てられる流動資本部分も生産の過程で必要に応じて徐々に支払われていくとすれば、実際に支払われるまでの間は預金されることになる。

　また、貨幣資本の蓄積における若干の特殊な形態について触れておかなければならない。①原料およびその他の生産要素の価格が下落し、その結

果、生産過程に投下される資本が少なくてすむようになり、その減少分だけ資本が解放される。②商人については、一連の取引が終わり、つぎの取引が開始されるまでの間、実現された貨幣形態の資本が運用されずに休息している。③再生産過程に関わっていた資本家が私財をためて引退するならば、これらの投下資本は生産過程から引上げられ、貨幣形態で保有される。以上のように、再生産過程から遊離した貨幣資本は銀行業者に預金されることになる。

これらの貨幣および貨幣資本は、銀行業者に預金されることによって、貸付可能な貨幣資本に転化されるのであるから、貸付可能な貨幣資本の源泉は再生産過程に求められる。その蓄積の発展は現実の蓄積における一つの結果であり、再生産過程の発展の結果である。(23)銀行業者は預金から支払準備金を差し引いた貨幣額を貸付けることができる。しかし、いかなる経済状況のもとでも、この貨幣額すべてがただちに貸付けられるわけではない。銀行業者は、貸付資本に対する需要がないならば、貸付けることができないであろうし、また、その需要があっても、返済されないリスクがあるならば、貸付けないであろう。したがって、預金者にとっては、預金は貸付資本であるとしても、銀行業者にとっては、それは、預金の所有者に代わって、銀行業者によって保有される潜在的な貨幣資本にすぎず、その金庫のなかに眠っている場合もありうるのである。(24)

貸付可能な貨幣資本の蓄積と現実資本の蓄積との関係についてみるならば、両者は異なる形態でなされ、また異なった諸契機から行なわれるので、貸付可能な貨幣資本の蓄積が増加したからといって、必ずしも、現実資本の蓄積の増加、再生産過程の拡大が生じるということにはならない。そのことは、恐慌の過ぎ去った直後の沈滞期にもっとも端的に現れる。この時期では、貸付可能な貨幣資本の増加と再生産過程の縮小とが並存している。商品価格が低下してきわめて低い水準にあり、企業家精神が麻痺しており、利子率が低下して低い水準になっている。このような状況の支配のもとで、産業資本の収縮と麻痺が生じ、再生産過程が収縮し、そこから不用になっ

た資本が遊離してくることになる。その結果として貸付可能な貨幣資本は増加することになる。かくて、流通手段のためであれ、支払手段のためであれ、貸付資本に対する需要は減少するのに、貸付資本の供給は増加する。したがって、沈滞期においては、貸付可能な貨幣資本は増加して豊富であって、減少して不足しているとはとてもいえない。このような経済状況から判断するならば、貸付可能な貨幣資本の増加は再生産過程の縮小の結果であるといわなければならない。(25)

　また、流通貨幣量と貸付可能な貨幣資本量とは、貨幣形態での数量としてみれば同じであるけれども、機能の上ではまったく異なったものであり、独立したものである。(26)両者は共に再生産過程の拡大縮小の結果として影響を受けるのであるが、それらの量的対応関係はかならずしも比例するわけではない。沈滞期を例にあげれば、経済の沈滞によって再生産過程が縮小するので、商品取引量が減少し、価格が下落し、その結果、流通貨幣量は減少するであろう。しかし、貸付可能な貨幣資本に関していえば、再生産過程が縮小する結果、前貸しされる貨幣資本量が少なくてすむようになるので、再生産過程から遊離してきた貨幣資本が銀行業者に預金され、また、利潤から蓄積された貨幣も投資されずに銀行業者に預金されることになり、それらの預金が貸付可能な貨幣資本に転化されるので、貸付可能な貨幣資本が増加し、貸付資本の供給量も増加するであろう。かくて、この場合には、両者の増減はまったく逆になっているのである。

　要するに、貸付可能な貨幣資本の蓄積は現実の蓄積、すなわち再生産過程の拡大の結果であるが、両者の数量の増減関係はいつも比例するわけではなく、むしろ反比例する方が一般的である。また、貸付可能な貨幣資本量と流通貨幣量とはともに再生産過程の影響を受けるが、両者は全く異なったものであり、対応する関係にない。

3. 利潤と利子

　資本家は労働者を雇い、一日の労働力を買ったのであるから、彼らに支払った賃金の価値分に相当する必要労働時間を超えて働かせることができる。そこで、労働者の必要労働時間を超過して働く労働時間が剰余労働時間である。この剰余労働時間に相当する価値分が剰余価値であり、それは不払い労働にあたる。かくて、剰余価値は、労働力に投下された可変資本からのみ価値増殖されて形成されるのであるが、しかし、資本家にとっては、商品の生産にとって必要な費用は、機械装置の消耗分や原材料にあたる不変資本と労働力に支出された可変資本とである。したがって、投下された資本価値を補塡する部分も費用価格を構成する。そこで、この不変資本分をC、可変資本分をVとし、さらに費用価格をKとするならば、C＋V＝Kとなり、商品の価値は、C＋V＋Mとしてではなく、K＋Mから構成されるものとして認識されるようになる。かくて、商品の価値はC＋V＋MからK＋Mに転化される(27)。つまり、不変資本と可変資本の区別がなくなり、商品の生産に必要な費用価格があって、それに基づいて剰余価値が付け加わってくることになる。

　かくて、剰余価値は、前貸しされた資本のうちの可変資本に対する増加分としてでなく、それに価値の増加しない不変資本の消耗分を加えた費用価格、すなわち資本を補塡する支出全体に対する増加分となる。またさらに進んで、剰余価値は、資本を補塡する全支出に対する増加分としてではなく、商品の生産に充用された全投下資本に対する増加分として認識されるようになる。この増加分、すなわち剰余価値が全投下資本から生み出されたものと考えられるようになると、それは利潤に転化される。そこで、利潤をPとすれば、商品の価値WはK＋MからK＋Pとなる。商品がこの価値どおりの価格で販売されるとするならば、商品の費用価格を超過する価値分にあたる利潤が実現されることになる(28)。

　すでに述べたように、剰余価値を生み出すのは可変資本だけであったが、

労働力が剰余価値を生み出すためには、労働の生産条件が整えられなければならない。そのためには可変資本の前貸しだけでなく、不変資本の前貸しも必要である。資本家にとっては、投下された資本部分の果たす機能的差別には無関心であり、投下された全資本がどれだけの収益をもたらすかに関心があるにすぎない。そこで、資本家にとって重大な関心事は、価値を生み出す可変資本に対する剰余価値の比率ではなく、全資本に対する剰余価値の比率なのである。この関係からいって、資本家には全資本のすべての部分が利潤の源泉であるかのようにみえる。そこで、かれらの収益の実現度合いは総資本に対する利潤の比率、利潤率で表現される。[29]

もし、各生産部面において生産された商品が価値どおりに販売され、剰余価値、利潤が実現され、剰余価値率が等しいと仮定するならば、各生産部面における利潤率は資本の回転期間の相違および資本の有機的構成の相違によってそれぞれ違ってくることになる。資本の回転期間についていえば、それが短ければ短いほど利潤率は高くなり、逆にそれが長ければ長いほど利潤率は低くなる。資本の有機的構成についていえば、それが高ければ高いほど利潤率は低くなり、逆にそれが低ければ低いほど利潤率は高くなる。[30]

資本家が資本を投下して商品の生産を行なうのは、社会的需要を満たすためではなく、利潤を獲得することが目的である。しかも、資本家にとっては利潤率は高ければ高いほど望ましいことになる。したがって、各生産部面で利潤率に相違のある状態は、安定的ではありえない。安定的な状態であるためには、各生産部面における資本の回転期間および資本の有機的構成に相違があっても、同一の期間においては、同量の投下資本量からは等しい利潤量が形成されてくること、すなわち、前貸しされた資本量に比例した利潤量が形成されてくることでなければならない。かくて、究極の結果としては、各生産部面においては利潤率が均等化されなければならない。そして、均等化された利潤率が一般的利潤率となる。そこで、各商品は費用価格（C＋V）に一般利潤率に相応する利潤、すなわち平均利潤を加

えた価格で販売されることになる(31)。

このような結果になるのは、生産部面間において資本家相互の間で競争が行なわれるからである。もし生産部面間で利潤率が不均等であったならば、資本家はより高い利潤率を求めて利潤率の低い生産部面から資本を引上げ、利潤率の高い生産部面へ資本を移動させるであろう。かくて、生産部面間の資本の移動によって、利潤率の低い生産部面では、投下資本が減少し、商品の生産が減少し、そして、商品の供給が減少する。この商品への需要に変化がないとすれば、価格が上昇して利潤が増加し、利潤率が上昇するであろう。これに反して、利潤率の高い生産部面では、投下資本が増加し、商品の生産が増加し、商品の供給が増加する。この商品への需要に変化がないとすれば、価格が下落して利潤が減少し、利潤率が低下するであろう。このように、生産部面間における資本の移動を通じて各生産部面の利潤率が均等化し、平均利潤の形成が行なわれる(32)。

つぎに、利子の説明に入ろう。貨幣は資本として充当されると平均利潤を生むという使用価値をもっている。貨幣のこの使用価値が貨幣資本家から産業資本家へ委譲され、その使用が産業資本家に一定期間にわたり委ねられる。産業資本家はその貨幣を資本として生産過程に投下して利潤を獲得することができる。そして、一定期間がたった後に、この使用価値にたいする代価として産業資本家から貨幣資本家へ利潤のなかから支払われるのが利子であった。したがって、利子は利潤の一部であり、その源泉は利潤、さらには剰余価値に求められるのである(33)。

利子は利潤のなかから支払われるのであるから、利子の最高限界は利潤によって画される。ただし、異常な経済状況においては、利子は利潤以上になりうるし、その場合には、利潤の全額をもってしても利子の支払ができないことになる。切羽詰った異常な事態を除くかぎり、産業資本家は貸付資本家から借入れることはないであろう。これに対して、利子の最低限界を画するものは何もなく、ゼロにまで下がりうる。ただし、利子がゼロにまでなった場合には、貸付資本家は貨幣を貸付けないであろう。リスク

を負って貸付を行なうよりは金庫に貨幣を保管しておいたほうが安全だからである。したがって、異常な事態を除き、利子は利潤とゼロとの範囲内に決まるであろう。[34]

産業資本家にとっては、資本の価値増殖の程度は投下総資本に対する利潤の比率である利潤率で表現されたが、貸付資本家にとっては、資本の価値増殖の程度は前貸しされた資本に対する利子の比率、すなわち利子率で表示される。[35]

平均利潤率は、剰余価値、資本の回転期間および資本の有機的構成によって決まってくるのであり、それを規定する経済法則が存在する。しかし、一国で支配的な利子の平均率を規定する法則はまったく存在しない。その理由は利子が平均利潤の一部であるというその性質のなかにある。すなわち、同じ資本が二重の規定性をもって現れることに求められる。それは、貸手の貨幣資本家のもとでは貸付可能な貨幣資本として現れ、借手の機能資本家のもとでは産業資本、ないし商業資本として現れる。しかし、その資本が現実に資本として機能し、利潤を生み出すのは一回かぎりである。生産・流通過程においては、それは産業資本、あるいは商業資本として機能するにすぎず、貸付資本としての機能をはたす役割分担はまったくない。したがって、生産過程で生み出された利潤をどのように取り合うか、また両者がそれぞれどれだけの要求権をもつかは、経験的な、偶然的な事柄に属することなのである。それゆえに、利子率に関していえば、それを決定する経済法則はなく、究極的に到達すべき自然的利子率というようなものは存在しない。存在するのはたえず変動する市場利子率だけなのである。[36]

貸付資本は貸付・返済という形式で取引される特殊な商品であり、利子はこの商品の使用価値に対する代価に相当する。一般商品の市場価格が需要と供給とによって変動するように、市場利子率も貸付資本という特殊な商品の需要と供給とによって変動する。両者は需要と供給によって変動するという点では共通であるけれども、一般商品の価格は需要と供給の結果として落ち着くべき水準が価値法則から規定されてくるのに対し、利子率

については、それに相当するものはまったくなく、需要と供給があるだけである。利子率は、需給関係によってたえず変動するとはいえ、ある一定の時点においては、唯一の同等な水準に確定される。この特殊な商品を供給するのは貸手たる貨幣資本家であり、それを需要するのは借手たる機能資本家である。したがって、与えられたある経済状況のもとで、両者のおかれた諸条件の優劣がその需給関係に反映され、利子率が決定されることになる。(37)

　これまで述べてきたように、利子は利潤の一部であるので、利子の上限は利潤であり、その下限はゼロにまで下がりうる。また、利子率を決定する要因と利潤率を決定する要因とはそれぞれ異なっている。したがって、利子率は、長期的傾向としては、利潤率に規制されてくるとはいえ、短期的には、利潤率とは異なった変動をすることもできる。恐慌のような異常な事態のもとでは、利子率は利潤率以上に上昇するが、しかし、景気の他の局面においては、通常、利子率は利潤率よりも低いといえよう。

4．金融政策の限界

　金融政策の最も重要な目標は物価の安定にある(38)といわれている。物価の変動は諸価格の変動の結果として現れることになるので、金融政策が安定させるべき物価はどんな原因による価格の変動の結果生じた物価の変動であるかを確定しておかなければならない。すでに述べたように、価格は商品の価値、金の価値および価格標準によって決まってくる。したがって、これらの要因が変化するならば、価格は商品の需要と供給の関係を通じて落ち着くべき水準まで上昇、ないし下落し、この価格の変化に基づいて物価は変動する。しかし、これら三つの要因に変化がなくても、商品の需要と供給との関係から生ずる価格の変動があり、これが景気循環過程における物価の騰落であった。商品および金の価値における変化はそれらの生産条件の改善および悪化によって生じたものであり、価値法則が貫徹するか

ぎり、物価の上昇下落は当然の帰結であるし、また、価格標準の変更による物価の上昇下落は国家の貨幣措置によって生ずるものである。かくて、これらの物価の変動は金融政策の対象とはなりえないであろう。そうすると、金融政策の対象とする物価は、商品の需要と供給から生ずる価格の変動に基づく物価、すなわち景気循環過程における物価の騰落ということになる。

　資本主義経済においては、各個別資本はそれぞれ自己の判断によって経済活動を行ない、相互に競争し合う体制であり、産業資本の側からの必要に基づき形成された信用制度が一定の発展をとげるならば、経済の過大なまでの拡張とその結果としての過少なまでの縮小とが生じ、景気変動という循環運動が始まり、それは繰り返し再生産されることになる。恐慌とその後の沈滞期には物価は下落し、景気が好転する繁栄期には物価は上昇する。このような物価の変動に対して、金融政策を実施することによって、物価の上昇を抑制し、物価の下落を阻止し、その動きを安定的に推移させようとするのである。かくて、金融政策は、資本主義経済体制において必然的に生起する景気循環に基づく物価変動に、信用制度の側から信用操作を通じて影響を及ぼして物価を安定化しようとするのである。景気循環が競争と信用という二つの条件によって生起するのであれば、競争関係という体制はそのままにしておいて、信用操作だけで景気循環による物価の変動を阻止できるのであろうか、という疑問が生じるであろう。

　金融政策は物価に直接働きかけることはできず、間接的に波及経路をたどって影響を及ぼしていくことになる。金融政策の手段としては、金利政策、公開市場操作、支払準備率操作などがある。金利政策は公定歩合の変更や誘導による政策金利の変更であり、公開市場操作は市場における手形や債券の売買であり、そして支払準備率操作は銀行の預金など債務の一定割合を中央銀行に預けさせる制度のもとでその比率の変更である。これらの政策によって操作の対象とされるのは金利と貨幣形態の数量である。勿論、両者は波及経路のなかでは相互に関連しあうのではあるが、一応、金

利政策が金利の操作であり、公開市場操作と支払準備率操作が量的操作にあたるといえよう。

　金融政策の波及経路を考えるにあたって、『資本論』において理論的前提となっている論点を整理しておこう。まず、流通に必要な貨幣量は諸商品の価額総額と貨幣の流通速度によって決まってくるのであり、そして金融政策の目標が物価の安定であるとすれば、金融政策によって直接貨幣の流通量をコントロールして物価を安定させることはできない。つぎに、金融政策は信用制度を通じて実施されるのであるから、それがコントロールできるのは貸付可能な貨幣資本、いわゆる資金であり、利子率は貸付資本の需要と供給によって決定されることになる。さらに、利子の源泉は利潤であり、恐慌のように異常な状態でないかぎり、利潤率は利子率より高いのであるから、恐慌期を除いては、金融政策は利潤率が利子率より高い条件のもとで実施される。それらに加えて、当然のことではあるが、産業資本が豊富な貨幣資本を保有しているならば、また銀行のもとに貸付可能な貨幣資本が潤沢にあるならば、産業資本が銀行から借入れる必要がないし、銀行も中央銀行から借入れる必要がないから、金融政策の実施効果はきわめて限定的になるであろう。

　このような前提のもとで金融政策の波及経路を考えるならば、その経路は、金利および貸付可能な貨幣資本量の操作→貸付資本の需給→貸付利子率→貸付→貨幣資本→投資→生産→商品の需給→物価→流通貨幣となる。金融引締政策についてみていくならば、政策金利の引上げ、売りオペレーションおよび支払準備率の引上げによって貸付可能な貨幣資本が減少し、貸付資本の供給量が減少するので、貸付資本の需要が供給をオーバーし、貸付利子率の上昇によって需給関係が調整されて銀行の貸付量が減少するので産業資本の保有貨幣資本が減少する。そこで、投資が減少するので生産が収縮し、商品の需要が減少し、商品の需給関係によって商品の価格が低下し、物価は下落することになろう。

　しかし、いかなる条件のもとでも、金融引締政策の影響が波及経路をた

どって物価にまで到達するわけではない。すでに述べたように、産業資本が投資に必要な貨幣資本を保有している場合、または銀行の貸付可能な貨幣資本が潤沢にあり、金融引締政策が行なわれたとしても、なお銀行が貸付資本の需要増加に対応していける場合には、金融引締政策の波及効果は以下の経路に影響を及ぼさないであろう。したがって、金融政策が物価にまで影響を及ぼしていくためには、産業資本が銀行の貸付に依存して貨幣資本の調達を行なっており、銀行も貸付資本の供給のために中央銀行に依存している状況になっていなければならない。このような状況のもとで、初めて金融引締政策が貸付可能な貨幣資本を減少させ、貸付資本の供給が減少して、効果が波及していくことになる。その場合に、貸付資本の需給調節が信用破綻を引き起こすことなく、スムースに行なわれることが前提になる。信用破綻は恐慌を引き起こしかねないからである。

　金融緩和政策については、政策金利の引下げ、買いオペレーションおよび支払準備率の引下げの実施が貸付可能な貨幣資本を増加させると、貸付資本の供給が増加し、貸付資本の需要と供給との関係によって貸付利子率が低下する。かくて、銀行の貸付額が増加し、産業資本の貨幣資本が増加するので、投資が増加することになる。投資の増加は生産の拡大となり、商品の需要が増加し、物価が上昇することになる。しかしながら、この波及経路のなかで貸付利子率を低下させ、銀行の貸付可能な貨幣資本を増加させるならば、銀行は必ず貸付を増加させることができるのだろうか。産業資本の側から貸付資本に対する需要の増加がなければ、また貸付けられた貨幣資本が確実に返済される保証がないかぎり、銀行は貸付を増加させることはできない。銀行には貸付可能な貨幣資本が豊富に存在し、産業資本の側では商品需要が減少し、価格が下落して生産を縮小させ、過剰な設備を抱え込んでいるときに、貸付資本の需要を増加させるだろうか。産業資本が投資を行なって生産を拡大し、生産された商品が販売され、利潤がもたらされると予想されないかぎり、貸付資本に対する需要の増加は産業資本の側から期待できないであろう。この場合には、貸付資本の需要が増

加しない原因は商品需要の減少とそれに伴う価格の下落にあるのであり、貸付資本の供給量をいかに増加させ、また貸付利子率をいかに低下させたとしても、生産を拡大させ物価を上昇させることはできない。供給された貸付可能な貨幣資本は銀行のもとで過剰に滞留することになるであろう。

さて、景気循環の各局面に応じて見ていくことにしよう。まず、恐慌後の循環が開始される沈滞期においては、再生産過程の縮小の結果として、生産設備は過剰となり、雇用の減少は失業者の増加となる。これまで生産や商業に充当されていた貨幣資本が不用になり、銀行に返済されるか預金として戻ってくることになる。運用されない貸付可能な貨幣資本として保有されるので、貸付資本の過剰という現象が出現する。貸付資本の供給は増加するのに、生産の縮小によってその需要は減少することになる。かくして、貸付利子率は、貸付資本の需要と供給によって決まってくるのであるから、この期間には最低水準にまで落ち込むことになる。商品の価格が需要の減少の結果として低落し、商品取引量も減少するので、流通貨幣量は減少する。

このように、貸付可能な貨幣資本が過剰に存在し、利子率が低下し、産業資本家の手許に貨幣資本があるのにもかかわらず、かれらが投資を行なわないのは、商品生産を拡大して販売したとしても、より低い価格でしか売ることができない、あるいは売れ残ってしまうので、利潤が得られないか、損失をこうむるかもしれないからである。したがって、このような状況のもとで、金融緩和政策によって、貸付可能な貨幣資本を増加させ、利子率を引下げたとしても、産業資本家は、利潤が獲得されないかぎり、貨幣資本の投下を増加させないであろう。かくて、貸付資本の需要増加とはならず、商品需要の増加も起こりえない。金融緩和政策の推進は、利子率を低下させていき、貸付可能な貨幣資本をますます過剰にするだけであり、商品需要の増加が生じないかぎり、物価を上昇させ、さらに景気の回復を達成させることはできないであろう。

景気の好転によって取引も活発になり始めているが、商業信用がまだ銀

行信用を僅かしか必要としていない繁栄の初期においては、資本の還流は流動的であり、信用期間が短く、自己資本による営業活動が支配的であって、まだ投機取引は行なわれていない。商業信用は自立しており、銀行信用に対して相対的に独立している。再生産過程から遊離している貸付資本は次第に充用されるようになるとはいえ、まだ過剰な状態であり、貸付資本の需給関係から決まってくる利子率は、非常に低い水準である。この過剰な貸付資本は、再生産過程が再び拡張する時期に対応し、これを伴うのであるが、その拡張の原因ではない。この時期における低い利子率と徐々に上昇していく価格とは、利潤のなかから企業者利得へ転化される部分を増加させるので、現実の蓄積過程の拡大を促進していくのである。なお、このことは、利子が平均的高さへ上昇していく繁栄期の高い段階においても、さらに一層促進される。というのは、この段階でも、利子率は上昇しているけれども、利潤率ほどには上昇していないからである。[39]

再生産過程が過度の緊張状態になる以前の繁栄状態に達する時期には、商業信用の拡張は非常に大きくなるが、この拡張は容易に行なわれる還流と拡大された生産に支えられて、健全な基礎の上にたっている。したがって、利子率は、最低限度以上には上昇しているけれども、まだ依然として低い水準に留まっている。利子率の上昇を阻止しているのは、貸付資本に対する需要が増加するけれども、商業信用と結びついた還流の容易さと規則性が貸付資本の供給を保証するからである。かくて、この時期には、貸付可能な貨幣資本の相対的豊富と産業資本の現実の蓄積が併存することになる。だが他方では、投機的活動が目立ってくるし、あらゆる形態における固定資本の大拡張が行なわれ、さらに、多くの新たな大企業が営業を開始するようになると、やがて利子率は上昇し、平均的水準にまで達する。投機取引の活発化と過剰生産の顕在化との結果として恐慌が勃発するのである。[40]

さて、好況の進行過程において恐慌を避けるために金融引締政策を有効に機能させることが可能なのであろうか。再生産過程が過度の緊張状態に

なる以前において、金融引締政策が貸付可能な貨幣資本を減少させ貸付資本の供給を減少させることができ、貸付資本の需要と供給をスムーズに調整可能であるならば、有効に機能するのではなかろうか。しかし、恐慌が勃発する寸前まで経済活動は正常であり、堅実な営業が行なわれ、資本の還流も順調になされているかのように見える⁽⁴¹⁾のであれば、金融引締政策を実施するタイミングが難しく、その必要性を感じたときにはすでに時機を失しているのかもしれない。

恐慌が勃発した段階においては、流通界では信用の連鎖が切断され、支払手段としての貨幣を必要とし、求めているのであるから、金融緩和政策によって貸付可能な貨幣資本を増加させ、貸付資本の供給を増加させるならば、それに対応する需要があるのであるから、貸付は増加し、支払手段としての貨幣の流通が増加し、倒産が減少することになるので、恐慌は緩和されるであろう⁽⁴²⁾。ただし、銀行の貸付増加には返済される確実な保証が前提である。

おわりに

『資本論』の理論体系を前提にして金融政策を考えてみようという意図のもとで、まず、その叙述のなかから金融政策を取り扱うために必要と思われる貨幣、貸付資本および利潤と利子に関する理論を説明し、その上で、金融政策がどのように機能しうるのか、またどれだけの効果を期待できるのか、を私なりに考えながら述べてきた。『資本論』についての理解や解釈、その論理を金融政策に適用させた方法に誤りがなければ、つぎのように総括することができよう。

金融政策の最も重要な目標は物価の安定であるが、すべての物価変動が対象になるわけではない。商品の需給関係から生ずる物価変動、すなわち景気循環による物価変動に限定されるべきである。したがって、価格の決定要因によって生じた物価の変動は安定の対象とすべきではない。たとえ

ば、商品の生産費の変化に基づく物価の変動は当然の帰結であり、これを金融政策によって安定させようとすることはできない。

　利子の源泉が利潤に求められ、利子の高さは最高限度が利潤であり、最低限度がゼロにまで下がりうる。利子率と利潤率はそれぞれ別の要因によって決定され、利子率は貸付資本の需要と供給によって決まる。異常な事態の場合を除き、利子率は利潤率以下である。このような前提のもとにおいては、利子率機能の効果だけを考えるならば、政策金利の引上げが有効となりうるのは、利子率を利潤率以上に引上げることのできた場合および貸付資本の供給量を減少させることができた場合に限定されるであろう。というのは、利潤率が利子率より高い限り、貸付資本の需要は増加していくであろうし、投資の増加、生産の拡大を阻止することはできない。また、政策金利の引下げによって、たとえ利子率をゼロにまで引下げたとしても、商品需要の増加が期待できず、利潤獲得の見通しが立たないとすれば、投資の増加、生産の拡大を引き起こすことはできないからである。

　流通界においては流通に必要な貨幣量が流通し、その貨幣量は諸商品の価格と取引量および貨幣の流通速度によって確定されてくるのであれば、その逆に、貨幣の流通量が諸商品の価格や取引量を決定するという関係にはなり得ない。したがって、金融政策が流通貨幣量を増減させて物価を安定させるという関係は生じないことになる。貸付可能な貨幣資本量は現実の蓄積の結果であり、再生産過程から形成されてくるのであるが、金融政策はこの貸付可能な貨幣資本に働きかけ、その供給量を増減させることはできるが、その需要量を減少させることができても、増加させることは困難である。したがって、金融政策の効果には限界が生ずることになるのである。

　景気循環の局面に則して金融政策の有効性を考えるならば、金融引締政策は、再生産過程が過度の緊張に入る以前に、貸付資本の供給を減少させることができ、信用の破綻を引き起こさずに貸付資本の需給関係を調整できるならば、有効に機能できるように思われる。金融緩和政策は、恐慌が

勃発した場合に、貸付資本の供給を増加させることができれば、恐慌の緩和に貢献できるが、しかし、不況に落ち込んだ場合には、景気を回復させる効果を発揮することは困難であろう。

『資本論』が発刊されてから一世紀以上の歳月が経過し、その間に信用制度や信用技術は目覚しい発展をとげてきた。銀行による信用供与もその範囲を拡大し、資本家に対する手形割引や貸付だけでなく、一般の所得階層に対する貸付も行なわれるようになった。すなわち、住宅、自家用車、耐久消費財等の購入に対する貸付であり、これらの貸付はただちに消費財需要の増加を喚起し、利子は所得から支払われるので、利子率の騰落は所得にとっても負担の増減となる。また、公開市場操作の対象となる有価証券の種類も期間も拡大されてきているし、さらに、経済統計の整備とあいまって金融政策の限界が克服されてきているのだろうか。

注

（1）Milton Friedman, The Optimum Quantity of Money and other Essays, Aldine Publishing Company, 1970, p.69.
（2）K.Marx, Das Kapital, Ⅰ, Dietz Verlag Berlin, 1953, S.109. 向坂逸郎訳『資本論』（一）、岩波文庫、2003、185ページ。
（3）K.Marx, a.a.O., S.111. 上掲訳書、187-188ページ。
（4）K.Marx, a.a.O., SS.114-115. 上掲訳書、194ページ。
（5）K.Marx, a.a.O., S.119. 上掲訳書、202ページ。
（6）K.Marx, a.a.O., SS.119-120. 上掲訳書、202-203ページ。
（7）K.Marx, a.a.O., SS.120-121. 上掲訳書、203-204ページ。
（8）K.Marx, a.a.O., S.122. 上掲訳書、205-206ページ。
（9）K.Marx, a.a.O., SS.123-124. 上掲訳書、208-209ページ。
（10）K.Marx, a.a.O., SS.124-125. 上掲訳書、209-210ページ。
（11）K.Marx, a.a.O., SS.140-141. 上掲訳書、235-236ページ。
（12）K.Marx, a.a.O., SS.142-143. 上掲訳書、239-240ページ。
（13）K.Marx, a.a.O., SS.145-146. 上掲訳書、142ページ。
（14）K.Marx, Das Kapital, Ⅲ, SS.370-371. 向坂逸郎訳『資本論』（七）、

2002、8ページ。

(15) K.Marx, a.a.O., S.371. 上掲訳書、8 - 9 ページ。

(16) K.Marx, a.a.O., SS.373-374. 上掲訳書、11-13ページ。

(17) K.Marx, a.a.O., S.374. 上掲訳書、13ページ。

(18) K.Marx, a.a.O., SS.376-377. 上掲訳書、16-17ページ。

(19) K.Marx, a.a.O., SS.380-381. 上掲訳書、23-24ページ。

(20) K.Marx, a.a.O., SS.381-382. 上掲訳書、25ページ。

(21) K.Marx, a.a.O., S.545. 上掲訳書、274ページ。

(22) K.Marx, a.a.O., SS.430-431, SS.549-551. 上掲訳書、114-115ページ、283-284ページ。

(23) K.Marx, a.a.O., S.547. 上掲訳書、278ページ。

(24) K.Marx, a.a.O., SS.554-555. 上掲訳書、288-289ページ。

(25) K.Marx, a.a.O., SS.529-530. 上掲訳書、251ページ。

(26) K.Marx, a.a.O., S.544. 上掲訳書、272-273ページ。

(27) K.Marx, a.a.O., SS.56-57. 向坂逸郎訳『資本論』（六）、2002、43ページ。

(28) K.Marx, a.a.O., 上掲訳書、55-56ページ。

(29) K.Marx, a.a.O., SS.62-63. 上掲訳書、64ページ。

(30) K.Marx, a.a.O., S.168. 上掲訳書、224ページ。

(31) K.Marx, a.a.O., SS.182-183. 上掲訳書、246-247ページ。

(32) K.Marx, a.a.O., S.222. 上掲訳書、306-307ページ。

(33) K.Marx, a.a.O., S.385, S.387. 向坂逸郎訳『資本論』（七）、30ページ、33ページ。

(34) K.Marx, a.a.O., SS.391-392. 上掲訳書、40-41ページ。

(35) K.Marx, a.a.O., S.388. 上掲訳書、35ページ。

(36) K.Marx, a.a.O., S.396, S.398. 上掲訳書、47ページ、49ページ。

(37) K.Marx, a.a.O., SS.400-401. 上掲訳書、55ページ。

(38) 日本銀行金融研究所、『〈新版〉わが国の金融制度』日本銀行金融研究所、1987、446ページ。

(39) K.Marx, a.a.O., SS.539-540. 上掲訳書、265-266ページ。

(40) K.Marx, a.a.O., SS.533-534. 上掲訳書、256ページ。

(41) K.Marx, a.a.O., S.529. 上掲訳書、250ページ。

(42) K.Marx, a.a.O., S.562. 上掲訳書、302ページ。

第9章　管理通貨制と通貨の管理

はじめに

　管理通貨制のもとで貨幣・信用の問題を考えていくにあたって、まず金本位制と管理通貨制との相異を明らかにしておく必要があろう。金本位制は、金貨本位制から金為替本位制へと金貨幣を信用貨幣で代用することによって金を節約し、金の数量から生じる制約を克服しながら発展を遂げてきている。しかし、金本位制であるかぎり、金の制約から完全に解放されることはありえない。管理通貨制は、第一次大戦後にケインズによって提唱された通貨制度であるが、国内通貨に関するかぎり、通貨と金との関係が切り離されて金の制約から完全に解放され、もっぱら国内物価の安定を目標にして通貨量を信用（金融）政策によって調節、管理し、対外面については為替相場を変動させることによって攪乱的影響を遮断する通貨制度である。

　管理通貨制において現実に流通する通貨は銀行券、補助貨幣および預金通貨であるが、それらの通貨は信用機構を通じて信用（金融）取引によって供給されてくる。いま、信用機構を単純化して企業および家計、銀行、中央銀行の系列としてとらえるならば、それらの相互関係は信用によって結ばれているのであり、企業および家計と銀行、銀行と中央銀行とのあいだで行なわれる貸付資本（資金）の貸借である。貸付資本は貨幣形態で取引されるから、貸付資本の取引の増減は通貨量の増減となるのであり、銀行券発行高の増減および当座預金残高の増減となるのであるが、たんに貨幣が当事者間で授受されるだけではない。信用機構において行なわれる取引は、貸付資本の貸借取引であると見るのか、信用貨幣の供給であると見

るのか、によってどのような相違が現れるのかを検討してみる必要があろう。

さらに、管理通貨制における通貨の管理は中央銀行の信用政策によって行なわれる。その主要な信用政策は金利政策、公開市場操作および支払準備率操作である。これらの信用政策が中央銀行と銀行、銀行と企業・家計との間に形成される貸借取引にどのような影響を与え、またその貸借取引が企業・家計の貨幣保有量、現実に流通する通貨量に影響を及ぼしうるのか、また、現実に流通する貨幣量は流通に必要な通貨量と相違するのであろうか、を考えてみよう。

以下、金本位制と管理通貨制、貨幣の供給と貸付資本の需給および信用政策と通貨量の増減が順次考察されるであろう。

1. 金本位制と管理通貨制

金本位制は金を貨幣の価値基準とする貨幣制度であり、国家が貨幣単位を一定重量の金として規定して金と貨幣との関係を明確にし、かつ金と貨幣との同一性が保証されるように構成された貨幣制度である。貨幣経済および信用制度の発展とともに、金本位制は金貨が現実に流通する段階から金および金為替を準備として信用貨幣である銀行券が金貨に変わって流通する段階まで発展を遂げてきた。このような形態変化は、金の流通から生ずる社会的空費を除去し、金の数量的制限から生ずる限界を取り除く方向で進化してきたのであった。

金貨本位制は、貨幣の鋳造権をもつ国家が鋳造価格を設定し、誰でも金地金を鋳造所に持っていって金貨に換えることができるし、金貨を鋳潰して金地金に転換することができ、また金の輸出入を自由にできる貨幣制度である。金地金本位制では、発券銀行が金地金を準備として銀行券を発行し、一定の売買価格に基づいて金地金の買上げと売渡し（兌換）を行ない、金と銀行券との転換が確保されている。金為替本位制においては、金のみ

でなく、金為替をも準備として銀行券を発行することができ、銀行券は直接に金と交換されないとしても、一定の為替相場で金為替と交換され、その金為替を媒介にして金と交換することかできる。

　かくて、いずれの形態の金本位制であっても、貨幣単位の価値は金の一定重量の価値に直接間接に固定されており、金と貨幣との同一性が確保されている。したがって、金本位制はこのようなルールに基づいて運用される貨幣制度であるが、その貨幣制度には自動調節作用の働きがあることが指摘されている。すなわち、物価が外国に比して相対的に高くなれば、商品の輸入が増加し、商品の輸出が減少し、貿易収支が逆調になって為替相場が下落して金の輸出点に達すると、金は外国に流出する。金の流出により中央銀行の金準備が減少し、通貨が収縮して保有する通貨量が減少し、通貨量の減少が物価の下落となり、商品の輸出が増加し輸入が減少して為替相場が上昇し、もとの状態が復元されることになる。また逆に、国内物価が下落して外国の物価より相対的に安くなるならば、商品の輸出が増加し輸入が減少するので、貿易収支が順調になって為替相場が上昇し、金輸入点に達すると、金が流入して準備金の増加となり、保有する通貨量が増加して物価が上昇し、もとの状態に戻ることになる。

　この自動調節作用は貨幣数量説に基づく解釈であるが、この作用が働くにしても、現実には金本位制のもとでも資本主義経済の機構から必然的に生ずる景気循環の変動は除去されず、恐慌も勃発し、しばしば金本位制のルールは停止せざるをえない状態に追い込まれた。かくて、金本位制のルールが守られるように信用政策が実施されたのであった。物価が上昇して金準備が減少するときには、金利政策によって公定歩合を引上げて金の流入を図り、金準備の増加によって通貨を増加させて物価の下落を促し、また、物価が下落して金準備が増加する場合には、公定歩合を引下げて金の流出を図り、通貨量を減少させて物価の上昇を促したのであった。したがって、金本位制の自動調節作用が有効な機能を発揮したわけではなく、信用政策がとられて補強されていたのであるから、金本位制と信用政策とは

対立するわけではなく、両立してきているのである。

　国内物価が安定し、為替相場も安定している状態がもっとも望ましく理想的ではあるが、このような状態が金本位制のもとでいつも実現されているわけではない。国内物価を安定させるためには為替相場が変動し不安定にならざるをえない、または為替相場の安定を維持するためには国内物価を変動にさらして不安定にさせざるをえない事態の生じた場合、すなわち、国内物価の安定と為替相場の安定が両立しない場合には、金本位制を維持するためには為替相場の安定を優先させ、物価の安定維持は断念しなければならないのである。

　管理通貨制はJ.M.ケインズが1923年に出版した『貨幣改革論』のなかで提唱している貨幣制度である。かれは、イギリスが第一次大戦の勃発によって金本位制を放棄せざるをえなくなり、その結果として経済の推移に応じて偶然的に実施してきた通貨制度を、意識的に改良することによって理想的な貨幣制度に近づけることができると考えた。そして、現実に行なわれている貨幣制度に関してつぎの四点が挙げられている。

　（1）国内物価水準は銀行の信用創造量によって決まり、信用創造量は銀行の預金量で量ることができる。銀行の預金量の変動は銀行の手形保有高、証券投資および貸付額の変動に対応している。そして、銀行の預金量は銀行券、政府紙幣およびイングランド銀行預金の形態をとっている現金の一定倍（9倍）であるから、両者の関係は密接である。この現金量に直接影響を与えるのは、イングランド銀行の資産の増減と銀行にとって第二線準備となる大蔵省証券の保有割合とを通じてである。そうすると、銀行の信用創造の限界はその保有する現金の数量によって決まってくることになるので、イングランド銀行と政府が協力し合って政策を実施するならば、銀行の預金量を増減させることができ、一般物価水準に影響を及ぼし、それを安定させることができる。

　（2）イングランド銀行券と政府紙幣からなる現金については、その現金

の数量は信用創造量と国内物価水準から必要とされるだけ供給される。従来の考え方では、通貨の濫発を監視し、抑制することによってそれに信用創造を従わせる方法であったが、今日の考え方は、その逆であって、信用創造を監視し、抑制することによって信用創造に通貨の発行を従わせる方法が妥当なのである。(5)

(3) イングランド銀行は金の売買を行なっておらず、同行の金保有は不変である。金は今日の貨幣制度においては全くなんの役割も果たしていない。第一次大戦による金本位制の放棄は、金と通貨とを結びつける関係を完全に切断したままである。イングランド銀行は大戦によって政府の負った債務を支払うために金の委託輸送を行なっているし、また南アフリカ等の諸国からわが国に金が輸送されてくるが、金という商品が便利な集散地に集まってくるだけであって、その大部分は再びわが国から輸送されていくのである。(6)

(4) 為替相場に関しては、それになんらの規制も加えられず、変動するままに任されている。為替相場は、長期的視点から見るならば、国内および外国の信用政策によって決定される内外の一般物価水準の相対的関係によって決まってくるのであるが、短期的視点においては、季節的要因や他の不規則的要因によって変動にさらされている。(7)

したがって、現在の制度は、戦前の制度のように、通貨量、金準備、ドル為替相場を基準としてその関連において運用されているのではなく、国内物価水準と国内信用量の過大過少とを考慮に入れながら割引率と信用政策を用いて運用される理想的な制度に近づいてきているのである。この制度を思慮深く、かつ意識的に改良していくことによって理想的な貨幣制度が構築されると考えられる。(8) そのために為すべきこととして次の二点が挙げられている。

1. 第一目標は国内物価水準の安定であり、為替相場の安定は第二目標となる。アメリカの連邦準備局がドル物価を安定させることができれば、スターリング物価の安定とドル為替相場の安定が両立できる

が、連邦準備局が国内物価を安定させることができないならば、ドル為替相場の安定を維持するためにポンド価値を変動させるべきでなく、ポンド価値を安定的に維持してドル為替相場を変動させるべきである。⁽⁹⁾

物価の変動は累積的であり、かつ一定方向に変動しやすい。政策当局が一般物価水準の変動を見て対策を立てるならば、物価がかなり行き過ぎた段階になってしまうので、政策当局が標準的商品の組み合わせに基づく物価指数を算出し、この物価指数が一定率以上に上昇下落しないような対策が実施されるならば、一般に信頼が得られるであろうし、また客観的な基準が与えられることになる。⁽¹⁰⁾

さらに、政策の実施にあたっては、物価の変動はもっとも重視すべきデータではあるが、その他に雇用、生産量、銀行に感知される有効な信用需要、種々の投資に関する利子率、新証券の発行高、現金流通量、貿易統計および為替相場などが考慮に入れられるならば、政策当局は信用政策を実施すべき時期と方法についてより適格な判断を下すことが可能になるだろう。⁽¹¹⁾

2. 主たる目標であった物価の安定と最大限の為替相場の安定とを達成して、二つの領域における長期にわたる物価の安定と短期における為替相場の安定という最善の状態を得るためには、かつて、金本位制において一時的影響に対する過度の敏感さが回避されえたことを考慮して、できるならば、金価値の大きな変動にさらされることなく、この金本位制の長所が生かされるべきである。そのために、イングランド銀行が公定歩合を操作するように金価格を調整するようにすればよい。つまり、イングランド銀行は毎週木曜日に公定歩合と同様に金の売買価格を公表する。売値と買値との差は戦前と同様でもよいが、場合によっては、売買価格を頻繁に変動させないためにその差をそれ以上に拡大させておいてもよい。イングランド銀行が一定期間に特定の価格で金の売買するのであるから、為替相場は

一定の範囲内に収まることになる。[12]

　もし公定歩合と金の公定価格とのある結びつきが過度の金の流出入を引き起こしたならば、安定状態からの乖離があることになる。その場合には、イングランド銀行はその乖離が国内の変動によるものか、国外の変動によるものかを確認しなければならない。いま、金の流出する場合について考えるならば、商品に対してポンドが減価気味であることによるのであれば、公定歩合の引上げが妥当であり、商品に対して金が増価気味であることによるのであれば、金の購入価格を引上げるのが妥当である。ただし、金の流出が季節的要因や一時的要因に基づくのであれば、これを放任しておいてもよい。やがて金の流出は止まり、金の流入に転じて修正の動きが生ずるであろう。勿論、この場合にはイングランド銀行に十分な金準備があるという前提に立っての対応である。[13]

2．通貨の供給と貸付資本の需給

　ここでは、信用制度において取引の対象となるのは通貨なのか、信用、すなわち貸付資本の貸借なのか、を考えよう。いずれが本来的に取り扱われる対象であり、またそれに付随して生ずる現象なのかを見ることによって、どんな見方の相異が生ずるか、を通貨の供給の観点と信用の形成の観点から取り上げてみよう。

　通貨の供給については、金本位制のもとでは中央銀行が金および金為替を準備として銀行券が発行されるので、通貨の供給は金および金為替が基礎になって供給され、供給された銀行券を準備として銀行が預金通貨を創造する。そして預金通貨が流通に入り、また預金から引き出された銀行券が流通することになる。しかし、管理通貨制においては、銀行券の発行に金および金為替の準備が不要になり、中央銀行は政策的観点から銀行券の発行を増減させることができるようになり、その増減する銀行券を準備として銀行は預金通貨を創造し、預金通貨と銀行券が流通すると考えられて

いる。

　そこで、信用制度を通貨供給の機構とみるならば、中央銀行と銀行との間では、中央銀行は、銀行券発行高を増加させ、または中央銀行の当座預金残高を増加させることによって、銀行の割引手形を再び割引くことができるし、銀行の保有する手形や債券を担保にして貸付けることができる。中央銀行のこの対応によって、銀行は手形割引と証券担保貸付で企業に貸出していた貸付資本を支払期限および返済期限以前に貨幣形態へ転化することができたので、銀行の保有する通貨量の増加となり、支払準備金の不足を補うことができ、または貸出を拡大することができるようになる。また、中央銀行は銀行券発行高を減少させ、または中央銀行の当座預金残高を減少させることによって手形の再割引および証券担保貸付を減少させるならば、その結果は銀行の保有通貨量の減少となり、銀行は手形割引および証券担保貸付を抑制し、貸付資本を回収して保有通貨量を増加させ、支払準備金を補強せざるをえなくなる。

　銀行と企業・家計との間では、銀行がより多くの通貨量を保有するならば、それを準備として預金通貨を創造して貸出および証券投資を増加させることができるようになる。そこで、銀行が貸出と証券投資を増加させると、企業・家計の預金の増加となり、企業と家計は投資や消費の支出を増加させることになるので、現実に流通する通貨量は増加する。これとは反対に、銀行がより少ない通貨量を保有するようになるならば、支払準備金が減少するので、銀行は保有通貨量を増加させるために、企業・家計に対する貸出および証券投資を抑制し、減少させざるをえなくなる。その結果は企業・家計の借入の減少となり、企業・家計の保有する預金量が減少し、投資や消費の支出が減少するので現実に流通する通貨量が減少することになる。

　上述のように、信用制度を通貨の供給機構とみるならば、金本位制のもとでは、中央銀行が金準備を基礎にして数倍の銀行券を発行し、その銀行券を準備にして銀行は数倍の預金通貨を創造することになる。管理通貨制

のもとでは、中央銀行は金準備が不要になり、金準備に制約されることなく政策的判断によって銀行券発行高を増減させることができるようになる。通貨が供給されていく方向は中央銀行→銀行→企業・家計ということであるから、中央銀行は通貨、すなわち銀行券および預金通貨の数量を増減させることができるようになり、したがって現実に流通する通貨量も管理可能のようにみえるのである。

　つぎに、信用制度を信用取引の形成過程とみることにしよう。まず、企業は自己資本をもっており、事業活動を行なうために生産財を購入し、労働者を雇用する。生産財は企業相互間で売買され、消費財は企業と家計との間で売買されるとすれば、現実に流通手段として、また支払手段として通貨を流通させるのは企業と家計ということになる。したがって、現実に流通する通貨量はどれだけの生産財が企業間で取引されるか、どれだけの消費財が企業と家計の間で取引されるか、に依存している。商品の取引高は商品の価格に数量を掛けた総額であるから、現実に流通する通貨量を決めるのは企業と家計ということになり、その通貨量が流通に必要な貨幣量に相当するのである。

　企業はより多くの利潤を獲得するために、予備資本をできるだけ節約し、資本の回転を早め、資本をより効率的に運用しようとする。そのために企業間で商業信用が利用される。商品の売買には商業手形が振り出され、商品の売手が債権を持ち商品の買手が債務を負い、債権債務関係の中で商業手形は裏書によって転々流通し、債権債務の相殺が行なわれ、支払期限になると現金で支払われることになる。

　企業・家計と銀行との間では、企業は所持する手形を支払期限以前に銀行で割引いてもらい商品の販売代金を回収することができ、また銀行から手形や債券を担保に提供して貸付を受けることができる。家計も同様に住宅および耐久消費財の取得に際して銀行から貸付を受けることができる。さらに、銀行は証券投資にも携わっている。したがって、企業・家計は貸付資本（資金）を需要し、銀行は貸付資本を供給するという貸付資本の貸

借関係が成立している。銀行の貸付資本の源泉は企業・家計から預けられる預金であり、その預金に対して一定割合の現金準備金を保有して、それ以外を貸付資本に転化して預金通貨をもって貸付を行なうことになる。そして、支払期限、ないし返済期限がくると、企業・家計から銀行へ支払い、返済がなされるのである。

　銀行と中央銀行との間では、銀行は支払準備金を補強するために、さらに多くの貸付資本を運用するために、割引いた手形を中央銀行で再び割引いてもらい、また手形や債券を担保にして中央銀行から貸付を受けることができる。そのことによって、銀行は手形を割引いた、また貸付けた貸付資本を現金形態で取り戻し、それを貸付資本として運用することができるようになるのである。中央銀行は銀行からの手形の再割引および証券担保貸付の要求に応じて銀行券を発行し、ないしは当座預金に入金して対応することになる。そして、手形の支払期限および返済期限が到来すれば、銀行から中央銀行へ貸付資本の返済が銀行券あるいは当座預金口座をもって行なわれることになる。

　かくて、企業・家計と銀行との間で、また銀行と中央銀行との間で取引されているのは信用取引であり、貸付資本の貸借であり、貸付資本という特殊な商品の取引である。たんに貨幣の授受が行なわれているわけではない。そうすると、信用の形成される方向性は企業・家計→銀行→中央銀行である。しかし、貸付資本は貨幣形態であるから、銀行から企業・家計への貸出の増加は預金の増加になるし、借入の返済は預金の減少となる。さらに、中央銀行から銀行への貸付の増加は銀行券発行高の増加、ないし当座預金残高の増加となり、銀行から中央銀行への借入の返済は銀行券発行高の減少、ないし当座預金残高の減少となるのである。つまり、貸付資本の貸借と通貨の増減とは表裏の関係にあり、前者を表とすれば後者は裏であり、表裏一体となっている。

　したがって、信用制度を通貨供給の機構としてとらえるか、貸付資本の貸借取引、信用取引の機構としてとらえるかによって、中央銀行の果たし

うる役割についての考え方に相違が生じてくるように思われる。通貨の供給機構と見るならば、通貨はどんな商品も購入可能であり、通貨が供給されるならば、それに対応する需要は必ずあるので、中央銀行は通貨の供給方向にそって直接通貨に働きかけることができるように考えられる。しかし、信用制度を信用取引の機構としてとらえるならば、中央銀行は、信用取引、貸付資本の貸借取引の形成に対して逆方向から、貸付資本の供給者として貸付資本の需要に働きかけることになる。貸付資本は貸借される特殊な商品であるが、商品であることには変わりはない。そうすると、普通の商品の供給はその需要があって売買が成立するように、貸付資本の供給もその需要があって貸借が成立することになる。

3．信用政策と通貨の管理

　金本位制のもとにおいては、銀行券の発行は中央銀行の金準備によって制約されていたが、管理通貨制のもとにおいては、銀行券の発行と金準備との関係が失なわれてしまったので、中央銀行はもっぱら政策的判断に基づいて銀行券の数量を増減することができるようになったように思われる。しかし、銀行券の増減がかならず預金通貨の増減となり、流通する通貨量の増減となりうるのであろうか。ケインズは信用政策によって通貨量の増減を管理することを考えていたが、それは果たして可能なのであろうか。ここではこの問題を考えてみよう。

　信用政策の基本は中央銀行と銀行との間で行なわれる信用取引に働きかけて銀行の貸付可能な貨幣資本の数量を増減させ、その結果として銀行の貸出量を増減させようとする政策であり、主要な政策は公定歩合政策、公開市場操作および支払準備率操作である。公定歩合政策は中央銀行の手形割引利率および証券担保貸付利率を引下げたり、引上げたりして中央銀行に対する銀行の貸付資本の需要を増減させて、銀行の貸付可能な貨幣資本を増減させ、銀行の企業・家計に対する貸付資本の供給量を増減させるこ

とができる。公開市場操作は中央銀行が手形、債券を売買する操作であり、銀行の保有する手形や債券を買入れると、手形および債券が貨幣形態に転換されて銀行の貸付可能な貨幣資本が増加し、銀行はより多くの貸出が可能になる。また、中央銀行が保有する手形・債券を銀行に売却すれば、銀行はその代金を支払うので保有通貨量の減少となり、貸付可能な貨幣資本が減少し、貸出を抑制せざるをえなくなる。支払準備率操作については、支払準備制度において銀行は預金額の一定割合を支払準備として中央銀行に預け入れなければならないことになっているが、その支払準備率を上げ下げする操作である。中央銀行が準備率を引上げるならば、銀行はより多くの金額を中央銀行に預け入れなければならないので、貸付可能な貨幣資本が減少し、また、中央銀行が準備率を引下げるならば、より少ない金額を中央銀行に預け入れるとよいことになり、銀行の貸付可能な貨幣資本が増加する。

　いま、過度の景気上昇を抑制するために、中央銀行が金融引締政策を実施したとしよう。公定歩合の引上げは中央銀行に対する銀行の貸付資本需要の減少となり、中央銀行の貸出が減少し、銀行の貸付可能な貨幣資本が減少する。手形および債券の売り操作ならびに支払準備率の引上げは銀行から中央銀行への預金として通貨が引上げられるので、銀行の貸付可能な貨幣資本が減少する。したがって、銀行の貸付資本の供給は減少するので、企業・家計の側から貸付資本の需要があっても、銀行はそれに対応して貸出をすることができなくなる。企業・家計の預金は増加しない、場合によっては減少するので、投資は抑制され、消費も抑制されるならば、景気の上昇は抑制されることになろう。

　不況を克服し景気を回復させるために、中央銀行が金融緩和政策を実施したならば、上述の過程の逆となると考えると、公定歩合の引下は中央銀行に対する銀行の貸付資本需要の増加となり、中央銀行の貸出が増加し、銀行の貸付可能な貨幣資本は増加する。手形および債券の売り操作は中央銀行から銀行へその代金が支払われるし、支払準備率の引下は銀行が中央

銀行に預け入れる支払準備金が減少するので、銀行は貸付資本の供給を増加させることができる。貸付資本の需要が増加すれば、銀行は貸出を増加させることができるが、企業・家計の貸付資本に対する需要の増加がなければ、銀行は貸出を増加させることができないのである。

公定歩合の引上・引下が貸付利子率の上昇・下落となり、企業・家計にとって借りづらくなる、または借りやすくなるという心理的変化はありうるであろうが、それだけで貸付資本の需要の増減となるわけでなかろう。利子率の上昇下落のみで景気の抑制と景気の回復とを引き起こすことができるのであれば、その場合には、景気の動向に応じて貸付資本に対する需要の増減が生ずるのである。信用政策が公定歩合政策だけでなく、その後に公開市場操作、支払準備操作と他の政策手段が加わってきている現状を考えると、公定歩合政策が景気の抑制、ないし回復に期待したほどの効果を発揮しなかったからではなかろうか。

信用政策によって中央銀行は銀行の貸付可能な貨幣資本を増減させることができる。その増減が企業・家計との間の貸付資本の貸借取引に影響を与え、そして企業・家計の活動が実体経済に影響を及ぼしていくのであるが、企業・家計の側から貸付資本に対する需要があって初めて貸付資本を供給することができるのであり、銀行は企業・家計の側から貸付資本に対する需要がなければ貸付けることはできない。その反対に、企業・家計から貸付資本の需要があっても、銀行がその返済に疑わしいと判断した場合には貸付資本を供給しないであろう。

銀行のもとで保有される通貨量が増加し、貸付可能な貨幣資本が増加したとしても、貸付資本に対する需要がなければ、銀行は貸出を増加させることはできない。銀行は企業・家計に貸付資本の借入を強要することはできない。かくて、貸付可能な貨幣資本は銀行の手許に滞留し、いわゆる資金過剰の現象が生ずることになる。貸付資本は運用しなければ利子を生まない。銀行は収益性の観点からこの過剰な貸付可能な貨幣資本を証券投資で運用し、また国内で運用できなければ、海外で運用しようと努力するだ

ろう。銀行のもとで保有される貸付可能な貨幣資本が減少した場合には、企業・家計の側から貸付資本に対する需要があっても、それに対応して貸付資本を供給することはできない。いわゆる資金の過少状態であるから、企業・家計は貸付資本を必要としても獲得できないのである。

これまで述べてきた中央銀行の信用政策による貸付資本の需給関係、貸借関係から生ずる通貨の増減をみるならば、貸付資本の増加が保有通貨量の増加となり、貸付資本の減少が保有通貨量の減少となって現れるのであった。つまり、通貨量の増減は貸付資本の増減の反映にすぎないようにも思われるが、その通貨量を景気循環との関連において考えることにする。

信用引締政策は過度の景気拡大を抑制するために行なわれるのであるから、それによって銀行の貸付可能な資本の減少は銀行の保有通貨量の減少となり、銀行が貸付資本の供給を減少させるならば、企業・家計の貸付資本の需要を満たすことができず、まず企業・家計の預金の減少となり、通貨保有量の減少となる。したがって、資本投下や消費支出が減少し、物価が下落して流通する通貨量は減少することになり、信用引締政策は有効需要の減少を引き起こし、景気の過熱を抑制して有効に機能する。信用引締政策は企業・家計の保有通貨量を減少させて流通する通貨量を減少させるのである。

信用緩和政策は恐慌、不況期に採用される政策である。恐慌期には企業が倒産を免れるために支払手段としての通貨を必要としているので、信用緩和政策によって銀行の貸付可能な貨幣資本を増加させ、銀行が貸付資本の需要増加に対応してその供給を増加させるならば、企業の預金の増加となり、保有通貨量の増加となって支払手段としての通貨が流通し、流通する通貨量の増加となり、企業倒産の減少の結果、恐慌が緩和される。しかし、恐慌による信用不安の状況のもとでは、貸付けられた貨幣資本が返済されてこない懸念があるとすれば、銀行は貸出には慎重にならざるをえない。その場合には、銀行のもとに貸付可能な貨幣資本が貸付けられずに留まって保有貨幣量の増加となるにすぎない。したがって、銀行が貸付資本

の供給を増加させることのできる対策が必要になろう。

　恐慌が一段落して不況期になるならば、商品およびサービスの需要減少により企業の生産活動が縮小し、回収された資本が投資されずに預金として保有されることになる。企業の貸付資本に対する需要は減少し、また家計からの貸付資本の需要も減少するだろう。このような状況において信用緩和政策がとられても、貸付可能な貨幣資本が銀行のもとに増加するにすぎない。その運用は証券投資か海外に向かわざるをえないだろう。新規発行の債券への投資は有効需要の増加となるが、既発行の債券への投資は銀行預金の増加になるけれども、債券保有者が富裕層に限られており、またその預金は資本として運用されるので投資機会が現れるまでそのまま保有される可能性が高い。したがって、証券投資や海外での運用に向かわざるをえないが、その場合には国内での貸出に比して景気を浮揚させる効果はきわめて低いといわざるをえない。

　中央銀行の信用政策は貸付資本の供給を増減させることによって銀行券発行高および中央銀行当座預金残高を増減させることは可能であり、そのことによって銀行の保有する通貨量を増減させ、銀行の貸付可能な貨幣資本を増減させることができる。しかし、銀行には銀行としての判断があり、中央銀行の意図に対応する行動が必然的にとられるわけではない。すなわち、中央銀行が景気対策として貸付可能な貨幣資本を増減させたとしても、銀行はそれに対応して必ずしも貸出を増減させることはできないし、中央銀行は銀行に強要することはできない。ましてや企業・家計に借入を強要することはできない。

　信用機構で取引されるのは信用であり、信用政策は銀行の貸付可能な資本を増減させることができ、貸付可能な貨幣資本は貨幣形態的であるから、貸付可能な貨幣資本の増減は通貨の増減としても現れる。そこで、通貨量の観点から見るならば、銀行を含めて保有貨幣量を増減させることができるが、必ずしも流通する通貨量を増減させることはできない。現実に通貨を流通させるのは企業と家計であり、かれらの判断に影響を与えるのは銀

行からの借入の難易だけではなく、景気の動向が大きく影響するはずである。現実に流通する通貨量は流通界の必要によって流通するのであるから、現実に流通する通貨量は流通に必要な貨幣量であり、両者は別々の貨幣量ではありえない。(14)両者を異なった貨幣量としてとらえるのは理論的混乱に導くことになりかねないし、貨幣数量説になりかねない。

おわりに

　金本位制から管理通貨制への移行は国内通貨の発行に金準備を必要とせず、通貨と金との関係を規定するルールがなくなったのであるから、貨幣当局は物価の安定を目標にして通貨量を増減させることができるように思われる。信用機構を通貨供給の機構と考えてこの観点から見るならば、中央銀行が銀行券を発行し、銀行がその銀行券を準備として預金通貨を創造して企業・家計に与え、企業・家計はそれを流通させることになる。かくて、中央銀行は銀行、企業・家計へ順次影響を及ぼしていけるので、中央銀行は信用政策によって通貨量を管理することができるようにみえる。

　しかし、信用機構は通貨の授受をする機構ではなく、信用の取引、すなわち貸付資本の貸借取引を行なっているのであり、その貸付資本の貸借取引はまず銀行と企業・家計との間で形成され、それに基づいて銀行と中央銀行との間で形成される。企業・家計の貸付資本の需要に対して銀行から貸付資本の供給がなされ、また、銀行から中央銀行へ貸付資本の需要があって中央銀行から貸付資本の供給が銀行へなされるのである。したがって、通貨が供給されていく方向と貸付資本の貸借取引が形成されていく方向は全く逆になっている。

　かくて、中央銀行の信用政策は貸付資本の貸借取引の形成に対して逆方向から銀行および企業・家計に影響を与えていくことになる。中央銀行は公開市場操作および支払準備率操作によって銀行の貸付可能な貨幣資本を増減させることができる。しかし、その増減は必ずしも企業・家計に対す

る銀行の貸出の増減とはならない。景気の加熱を抑制するための信用引締政策は、銀行の貸付可能な貨幣資本を減少させ、貸付資本の供給を減少させ、企業・家計の借入れる貸付資本の減少となり、企業・家計の保有通貨量の減少となる。この場合には、中央銀行の政策効果は企業・家計にまで及んでいく。信用緩和政策においては、恐慌時には信用不安にもかかわらず、銀行が貸出を増加させるならば、企業・家計にまでその影響は及んで恐慌緩和に役立つが、信用不安のために銀行が貸出しを増加させなければ、恐慌緩和の効果は現れない。不況の時期には、企業は過剰な資本を抱え、生産を拡大することができず、家計は借入を抑制するから、銀行は貸付可能な貨幣資本をもっていても貸付資本に対する需要がなければ貸出すことはできない。したがって、企業・家計の保有通貨量を増加させることができず、景気回復の効果は期待できないであろう。

　貸付資本は貨幣形態である。したがって、貸付資本の貸借取引は貨幣の形態でなされるが、貸付資本の機能は資本であって貨幣ではない。中央銀行の信用政策が直接的に増減させることができるのは、貸付可能な貨幣資本であって通貨ではないが、貸付可能な貨幣資本の増減と通貨の増減は表裏の関係、ないし対応関係になっているので、通貨の視点に立てば、通貨供給の増減と見ることができる。しかし、信用政策が貸付可能な貨幣資本を増減させ、通貨量が増減するのは保有量であって流通量ではない。信用政策が企業・家計の貸付資本の需要に働きかけることができない場合には、現実に流通する通貨量を増減させることはできず、現実に流通する通貨量＝流通に必要な貨幣量を管理することはできないのである。

　なお、管理通貨制のもとにおいても、外国からの影響を遮断できないという見解もあるが、その問題については今後の検討課題にしておこう。

注
（1）酒井一夫『インフレーションと管理通貨制』北海道大学図書刊行会、1977、216-217ページ。

(2) J.M.Keynes, A Tract on Monetary Reform (The Collected Wittings of John Maynard Keynes Ⅳ), pp.216-217. 中内恒夫訳『貨幣改革論』東洋経済新報社、昭和53年、130-131ページ。
(3) J.M.Keynes, op.cit., p.141. 上掲訳書、146ページ。
(4) J.M.Keynes, op.cit., pp.141-144. 上掲訳書、146-149ページ。
(5) J.M.Keynes, op.cit., p.145. 上掲訳書、150-151ページ。
(6) J.M.Keynes, op.cit., p.146. 上掲訳書、151-152ページ。
(7) J.M.Keynes, op.cit., p.146. 上掲訳書、151-152ページ。
(8) J.M.Keynes, op.cit., pp.146-147. 上掲訳書、151-152ページ。
(9) J.M.Keynes, op.cit., p.147. 上掲訳書、152ページ。
(10) J.M.Keynes, op.cit., p.148. 上掲訳書、153ページ。
(11) J.M.Keynes, op.cit., p.149. 上掲訳書、154ページ。
(12) J.M.Keynes, op.cit., pp.149-150. 上掲訳書、154-155ページ。
(13) J.M.Keynes, op.cit., p.150. 上掲訳書、155ページ。
(14) 故洒井一大教授は次のように述べている。「ここにいう流通に必要な通貨量または金量は、商品の数量とその諸価格および流通速度を与えられたとすれば、理論上必要とされる数量であって、現実に流通する通貨量はそれ以上またはそれ以下でありうる。」(上掲書、221ページ) 流通に必要な通貨量と現実に流通する通貨量とを異なった通貨量としてとらえることは、流通に必要な通貨量を非現実的な、観念的な通貨量とすることになり、理論的な誤りを犯すことになる。現実に流通する通貨量を理論的に定義したのが流通に必要な貨幣量なのである。

著者略歴

林　昭男（はやし・あきお）
　1928年生まれ
　1953年　北海道大学（法経学部）卒業
　元北海学園大学（経済学部・教養部）教授

貨幣量の考察

2013年9月10日　第1版第1刷　　定　価＝3200円＋税

　著　者　　林　　昭　男　Ⓒ
　発行人　　相　良　景　行
　発行所　　㈲　時　潮　社

　　　〒174-0063　東京都板橋区前野町4-62-15
　　　電　　話　03-5915-9046
　　　Ｆ Ａ Ｘ　03-5970-4030
　　　郵便振替　00190-7-741179　時潮社
　　　Ｕ Ｒ Ｌ　http://www.jichosha.jp
　　　E-mail　kikaku@jichosha.jp
　　印刷・相良整版印刷　製本・仲佐製本

乱丁本・落丁本はお取り替えします。
ISBN978-4-7888-0691-7

時潮社の本

地域物流とグローバル化の諸相
吉岡秀輝　著
Ａ５判・上製・272頁・定価3200円（税別）

交通／物流が大きく変化し、地域の諸相もこれをうけて激変の波に洗われようとしている。世界規模の規制緩和のなかで陸海空の枠が消滅、コンテナヤードも物流に呑み込まれた。本書はこれらの現場を各地にたずね、問題を明確化するとともに近未来を描き出し、併せて地域開発にも鋭く斬り込むことで流通を軸とした社会の変化を活写する。

「アロウの一般不可能性定理」批判と「複雑系」
大谷　和　著
Ａ５判・上製・260頁・定価3200円（税別）

理性主義の極致たる「アロウの定理」、アロウの投票行動理論をはじめとする一般不可能性定理についての内在的批判とこの定理への「複雑系」概念による展開を試み、社会的選択論および厚生経済学に重大な一石を投じる意欲作。

マルクス疎外論の諸相
田上孝一　著
Ａ５判・上製・256頁・定価3200円（税別）

マルクス主義哲学の理論的核心をなす疎外論を現代的に再構築、多面的な理論的可能性をさぐり、世上に流布する俗流解釈を徹底的に批判することで新たなマルクス再生の道を指し示す。

実践的「親学（おやがく）」へ
平塚儒子　監修／編
Ａ５判・並製・180頁・定価2500円（税別）

周囲が気づかぬままに進行するいじめやハラスメントは加害者／被害者ともに取り返しがつかないほど深刻な状態をもたらす。時として気づかずに相手を傷つけている悲劇から逃れるためにも、本書は私たちに大いなる教訓と対応を指し示している。いま、親として子どもにどう向き合うのか。中国での経験をも踏まえて、新しい回答を提示する。